Sharon Anne Klingler et
Sandra Anne Taylor

LE TAROT AKASHIQUE

ÉDITIONS
VÉGA
19, rue Saint-Séverin
75005 Paris

Titre original : *The Akashic Tarot: A 62-Card Deck and Guidebook*
Publié pour la première fois Hay House

Révision linguistique : Nicolas Whiting
Conception de l'intérieur : Nick C. Welch
Illustrations : Cheri Polk and Emiliano Villani
Montage de la couverture : Félix Bellerose
Mise en pages : Félix Bellerose
Photo de Sandra : Kurt Shaffer
Photo de Sharon : Portraits Innovations
Toutes les autres images qui ont été utilisées sans license proviennent de Shutterstock.com
Traduit de l'anglais par : Renée Thivierge
ISBN : 978-2-85829-973-7

www.editions-tredaniel.com
info@guytredaniel.fr
www.facebook.com/editions.tredaniel

Table des matières

La suite de Clés

Introduction au
MONDE AKASHIQUE

Les Annales akashiques sont des champs d'énergie et d'information qui contiennent toute la sagesse, mais aussi toutes les connaissances techniques, scientifiques et créatives à travers le temps. Toute vibration énergétique de la pensée et de l'expérience, qu'elle concerne votre histoire individuelle ou toutes les vérités de l'univers, se retrouve dans les Annales. Cela inclut vos vies antérieures et tout votre potentiel futur, ainsi que des informations illimitées sur le fonctionnement de l'univers, y compris la découverte scientifique, l'avancement médical et toute forme d'inspiration créative.

On peut trouver dans les cultures anciennes du monde entier une référence à ces registres extraordinaires. Partout dans la Bible, les événements du passé, les actions du peuple et même les visions du futur ont été inscrits dans ces Annales. Celles-ci contenaient aussi les visions et prophéties dans l'Ancien et le Nouveau Testament. Mais parfois, les visions de ce qui devait venir devaient être dissimulées parce qu'elles ne seraient pas comprises par les lecteurs de ces époques : « Quant à toi, Daniel, garde secrètes ces paroles et scelle le Livre jusqu'au temps de la fin. » (Daniel, 12 :4)

Plus récemment, c'est H. P. Blavatsky, cofondatrice de la Société Théosophique, qui nous a fait connaître le terme *Akasha.* Tout au long de ses enseignements, Blavatsky raconte que l'Akasha est la conscience divine, la source de toute énergie et de toute vie. Pourtant, elle ne relie pas le terme *Annales* à ce nom. C'est Alfred Percy Sinnen qui a apporté cette idée en l'Occident, lorsqu'il a décrit la croyance bouddhiste dans « une permanence des Annales dans l'Akasa » et la capacité de l'homme à « lire la même chose » dans son livre *Esoteric Buddhism* (1884).

Rudolf Steiner, un autre théosophiste de la première heure qui avait pris ses distances pour créer la Société anthroposophique générale, et Edgar Cayce, connu sous le nom de « Prophète dormant » du XXe siècle, ont été parmi les lecteurs les plus importants des Annales. Plongé dans une profonde transe, Cayce a accédé aux Annales akashiques pour les milliers de conférences qu'il a données à des personnes qui cherchaient son aide. Il les a utilisées pour des informations concernant le diagnostic et le traitement des maladies physiques, de même que pour revenir à des expériences de vie antérieure qui étaient encore problématiques dans la vie actuelle des demandeurs.

Cayce croyait que bien que la Salle des Annales existe dans l'espace éthérique, les Annales réelles avaient été sauvegardées sous une forme quelconque autour de 10 500 av. J.-C., juste avant que l'Atlantide soit détruite. Selon Cayce, il existe trois emplacements consacrés au dépôt des documents : la région de Bimini, le Yucatan et les alentours du Grand Sphinx en Égypte. Cayce a expliqué que ces documents racontent l'histoire de toute l'humanité depuis ses débuts, au moment où l'Esprit a pris forme. Lorsque l'humanité sera prête pour cette information, les Annales seront retrouvées, comme on a retrouvé le livre scellé prophétique de Daniel.

Le mot *akashique* vient du mot sanskrit *akasa*, qui signifie « ciel, espace, ou éther ». Ce terme est le reflet de l'ampleur et de la vastitude des Annales akashiques : elles remontent jusqu'à l'époque avant les anciens et se déplacent dans l'espace au-delà des univers. Cette incommensurabilité peut faire croire que les documents sont inaccessibles et hors de portée, mais rien ne saurait être plus éloigné de la vérité. Le fait qu'ils soient dans l'éther signifie qu'ils ne sont pas seulement dans les cieux, mais aussi partout autour de vous, à l'intérieur de vous et, en fait, partout — y compris dans ces cartes.

En poursuivant votre lecture, vous trouverez peut-être utiles les définitions suivantes :

- *L'Akasha :* Littéralement l'éther. Aussi, l'Esprit divin, la conscience collective et tout ce qui compose le monde éthérique.
- *Les Annales akashiques :* La structure exhaustive de toute information, connaissance, inspiration, découverte et créativité pour l'éternité.
- *Les Forces akashiques :* Les énergies éthériques et les pouvoirs psychiques qui traversent et catalysent toute chose, toute pensée et toute

action à travers le temps. Aussi, la force et la volonté de l'esprit supérieur et du cœur.

Ces termes peuvent sembler différents, mais à certains égards, ils sont interchangeables, car ils reflètent l'esprit et le pouvoir dynamique, illimité et influent de l'univers. (Vous pouvez en savoir plus sur les Annales akashiques et comprendre comment elles peuvent transformer votre vie en consultant le livre de Sandra Anne Taylor, *The Akashic Records.*)

Heureusement, les Annales sont disponibles pour vous et pour tout le monde. Et à travers elles, il vous est possible de découvrir votre univers — et tout ce qui est au-delà. Vous pouvez accéder à l'information contenue dans ces documents de plusieurs façons intéressantes — la méditation, votre expérience psychique, l'aide de l'Esprit ou l'utilisation du *Tarot akashique*. Indépendamment de la technique que vous utilisez, les conseils illimités, l'inspiration et l'énergie des Annales vous sont offerts pour vous permettre de les explorer — et afin que vous les utilisiez pour charger votre vie d'un pouvoir, d'une joie et d'un amour illimités.

Ouvrir les *Annales* grâce au *Tarot akashique*

Il existe trois clés pour ouvrir les Annales akashiques grâce au *Tarot akashique*. La première, bien sûr, consiste à lire les descriptions des cartes dans le guide et à étudier leurs significations. Alors que vous le faites, assurez-vous d'examiner les photos de près, en reliant le titre de la carte avec la scène que vous y voyez. Tout comme dans les Annales akashiques, certaines des icônes peuvent être mystiques, mais leurs significations sont faciles à comprendre et à appliquer à votre vie.

La deuxième clé vous arrive lorsque vous transformez l'image en un genre de petit film. Le fait de regarder l'action qui se joue sous vos yeux vous apporte de l'information supplémentaire sur les Annales. Donc, chaque fois que vous effectuez une lecture, assurez-vous d'animer les visuels que vous observez sur les cartes, et donnez vie à l'action. C'est à travers l'imagination que l'Esprit vous parle. Votre imagination vous aidera à voir et à sentir l'action que chaque carte apporte à la vie, que la carte soit droite ou inversée. L'observation de cette action apporte toujours une histoire enrichissante à la lecture. Cela déclenche aussi votre intuition — votre connexion psychique aux Annales et aux esprits qui veulent donner un coup de main.

Votre connexion psychique — à l'Esprit et aux Annales — est la troisième et dernière clé qui ouvre la porte de la Salle des Annales. Lorsque vous créez l'intention de connaître les idées les plus profondes de l'Akasha et de découvrir ce qui se trouve au-delà de la limite du temps, vous envoyez une invitation. Elle est reçue par chaque partie des royaumes énergétiques, de votre Moi supérieur au monde des Esprits et aux Forces akashiques, qui convergent alors dans le moment présent et créent la ligne directrice qui vous aidera le mieux, vous ou la personne pour laquelle vous effectuez la lecture. Chaque fois que vous envoyez cette invitation, l'univers répond et les Annales s'ouvrent. Vous commencerez à percevoir des images spontanées, des symboles et des idées qui sont déclenchés par les cartes que vous voyez autant que par votre sentiment intérieur. Vous vous retrouvez dans un état d'ouverture et de disponibilité à recevoir. Votre intention a lancé un appel, et le geste que vous posez par la lecture du *Tarot akashique* a ouvert la porte.

Certaines images perçues psychiquement sont reliées au contenu des cartes, mais certaines cartes vous sembleront peut-être déconnectées au thème et à votre perception. Peu importe, vous devez faire confiance à tout ce que vous recevez. Si vous rejetez une compréhension intuitive parce que vous doutez de vous ou parce qu'elle n'est pas liée à la signification originale de la carte, vous retirez votre invitation et fermez la porte aux Annales. Grâce au *Tarot akashique*, vous dites à l'univers que vous voulez recevoir des idées plus en profondeur, alors si vous ne faites pas confiance à ces idées, vous rejetez les Forces akashiques.

Maintenant, grâce au *Tarot akashique,* vous disposez des trois clés qui ouvrent les Annales. Il vous suffit de combiner les significations des cartes animées par votre imagination avec la puissance de votre réponse psychique. Souvent, votre Moi supérieur, les Forces akashiques et le monde de l'Esprit vous ouvriront grandes les portes de la Salle des Annales, non seulement dans vos lectures de tarot, mais à chaque moment de chaque jour.

À propos de ce jeu de cartes

The Akashic Tarot est spécifiquement conçu pour vous permettre d'accéder à des informations d'une profonde intensité, mais immédiatement disponibles dans les Annales. Mais ce n'est pas tout : il est aussi conçu pour vous aider à vous ouvrir aux courants psychiques — le mouvement intuitif de l'énergie et des idées qui circulent toujours entre vous et l'Akasha.

Grâce à ce jeu de cartes, les Annales akashiques sont maintenant facilement disponibles. Ce jeu est conçu pour vous aider à accéder à des informations sur votre passé, votre présent et votre futur, révélant des occasions, des relations et des actions qui vous aideront à avancer dans la direction que vous souhaitez. À chaque lecture, il vous est possible de recevoir de précieuses informations sur la façon de gérer un projet, de modifier des schémas de vie complexes, de guérir, d'attirer des relations, et d'atteindre les objectifs qui vous sont chers. Ces cartes peuvent aussi vous apporter des conseils de la part des maîtres ascensionnés, des anges et de votre famille et vos amis de l'Esprit. (Nous vous enseignerons comment faire appel à eux au début d'une lecture ; ils peuvent aider à élever votre réceptivité psychique pour que vous puissiez recevoir le flot d'informations le plus libre et le plus complet qui soit.)

L'histoire du tarot et la façon dont ce jeu de tarot est unique

Beaucoup de gens supposent que le jeu de Tarot Rider-Waite a établi la norme du contenu d'un jeu de tarot — et même ce à quoi il devrait ressembler. C'est curieux, puisque Arthur Edward Waite, en collaboration avec l'artiste Pamela Colman Smith, a créé son jeu de tarot en 1910, et les jeux de tarot existent depuis des centaines d'années.

Waite a intégré dans son jeu un certain nombre d'idées — telles que les suites — à partir de certains jeux plus anciens. En Europe médiévale, les suites trouvées dans les cartes italiennes et espagnoles représentaient les différentes castes de la société : des épées pour les chevaliers et la noblesse, des bâtons ou des cannes pour les paysans, des coupes ou des calices pour le clergé et des pièces de monnaie pour les commerçants et la classe marchande.

Alors que Waite a été inspiré par certains des premiers jeux d'Europe centrale, il existe beaucoup d'autres jeux de tarot avec des suites très différentes, un nombre différent de cartes et des arcanes majeurs différents. Le plus ancien jeu de cartes en suites remonte aux années 1420 en Allemagne et comporte des chiens, des cerfs, des canards et des faucons.

Le plus ancien jeu suisse existant date de 1530, mais des références littéraires apparaissent dès 1377. Ses suites sont en fait certaines de nos préférées : boucliers, glands, tours et cloches. Ici, il n'y a pas d'éléments d'armes destructrices, pas d'épées ou de bâtons. Même les boucliers ne sont pas représentés comme des pièces d'armure, mais comme des emblèmes héraldiques et des bannières accrochées aux murs ou portées comme des drapeaux. Nous avons été inspirées par certains symboles et icônes trouvés dans ce jeu et dans d'autres jeux anciens.

Lorsque nous avons décidé de créer le *Tarot akashique*, nous ne voulions pas simplement refaire un tarot traditionnel. Au contraire, nous avons été guidées par nos années de travail avec les Annales akashiques et les décennies passées à étudier et à étudier les cultures, philosophies, sociétés, histoires et pratiques spirituelles qui ont traversé l'Antiquité et le monde.

Donc, dans ce jeu, vous trouverez de nombreuses différences dans les arcanes majeurs, le nombre de cartes et les personnages. Ces différences sont ancrées dans la numérologie, les théories du karma, les mystères druidiques, la physique quantique, la loi naturelle, le symbolisme religieux, les traditions bouddhistes et les mythologies et croyances du monde entier.

Rien au monde ne pourrait être aussi exhaustif que les Annales akashiques, qui sont éternelles et illimitées. Mais dans notre conception, nous avons essayé de faire en sorte que le domaine du Tarot akashique soit celui des Annales.

Nous espérons que vous trouverez, comme nous, que ces cartes peuvent vous aider à découvrir l'étendue de votre vie, de votre pouvoir et de votre potentiel illimités.

Les arcanes majeurs et les arcanes mineurs

Dans ce jeu, il y a 22 cartes dans les arcanes majeurs et 40 dans les arcanes mineurs. Les arcanes majeurs sont numérotés et les arcanes mineurs sont divisés en quatre suites : Parchemins, Roses, Forces et Clés. Les arcanes majeurs et mineurs du *Tarot akashique* portent tous des noms, contrairement à l'usage de nombreux jeux de tarot.

Il existe plusieurs niveaux de signification dans les arcanes majeurs, et vous commencerez à les ressentir plus profondément lorsque vous travaillerez avec eux. Dans les descriptions des arcanes majeurs, vous verrez de nombreuses références à l'Esprit, l'âme intérieure, le Moi supérieur, la Source divine — c'est l'essence de l'être. Faire une lecture du *Tarot akashique* qui concernerait seulement le monde physique serait comme faire une lecture de cartes pour un habit sans qui que ce soit à l'intérieur.

Pour la plupart, les arcanes mineurs parlent d'événements, de sentiments, d'activités et de relations dans l'univers personnel. Ils peuvent couvrir des situations au foyer, des rénovations au déménagement, de l'achat de nouveaux meubles aux enfants qui fréquentent l'université. Dans le domaine des relations, les arcanes mineurs indiqueront peut-être une idylle, la séparation, le divorce et la grossesse. Ils concernent également des questions commerciales comme les partenariats, le marketing, les patrons difficiles et les collègues de travail.

En effectuant vos lectures, souvenez-vous que les arcanes majeurs sont essentiels pour travailler avec les énergies supérieures et éternelles de la vie, mais qu'ils s'appliquent également à vos expériences quotidiennes. Vous pouvez obtenir des informations sur les situations de création ou d'affaires ou tout type de personne ou de relation à travers les arcanes majeurs. L'inverse est également le cas. Les arcanes mineurs impliquent des défis et des occasions sur le plan personnel, mais ils cherchent aussi à embrasser le Moi infini et ses pouvoirs supérieurs. Après tout, qu'est-ce que la vie quotidienne sans la connaissance du Divin au quotidien ?

Peut-être envisagerez-vous de méditer sur chaque carte — autant les arcanes majeurs que mineurs. La méditation mènera les arcanes majeurs de l'expérience intellectuelle à l'accueil de l'Esprit, et elle élèvera à chaque instant les arcanes mineurs à un objectif divin. Réunissez donc les arcanes majeurs et mineurs et sachez qu'il n'y a pas de séparation entre le quotidien et l'éternel.

Les suites des arcanes mineurs

La Suite des Roses comprend les relations, les émotions, les familles, les enfants, les foyers, les conflits personnels et internes et les communautés dans la vie. Tout au long de l'histoire, la rose a constitué une icône fréquemment utilisée dans l'héraldique, ornant les crêtes des familles royales et nobles à travers l'Europe. Elle représente non seulement la famille, mais aussi ceux qui ont des affinités avec cette famille. La beauté des pétales de la rose et le piquant de ses épines reflètent la gamme d'expériences personnelles qui peuvent appartenir au cœur, à la maison et à la communauté.

La Suite des Parchemins reflète le monde de l'esprit, la communication et l'étude. Les anciens mots hébreux et araméens pour le parchemin, le seper et le sepra, signifiaient également « livre » et « lecture » et avaient pour origine le mot sapra, qui voulait dire « scribe ». C'était le scribe qui écrivait et avait accès à toutes les Annales. La Suite des Parchemins comprend les arts, les histoires écrites, les sciences, les philosophies, les cartes, les messages et toutes sortes d'informations et de communications. Les Parchemins représentent aussi la manifestation de l'idée dans la matière, car toute réalité naît d'abord dans l'esprit.

La Suite des Clés représente les valeurs, la richesse, le succès, le mérite, l'abondance, la carrière, l'autorité, la confiance, la réussite et le pouvoir que vous pouvez expérimenter et exprimer dans votre vie. Les clés symbolisent le fait d'enfermer et de protéger ce qui vous est cher. Mais elles reflètent aussi l'ouverture à tous les niveaux — à la propriété, aux bonnes occasions, à de nouvelles directions, à plus de pouvoir et de possibilités. L'étude de la Bible révèle que la clé signifie aussi la véritable connaissance, la loyauté et l'autorité. Ésaïe, 22 :22 nous dit : « Je mettrai la clé de la maison de David sur son épaule. » Poser une clé sur l'épaule plutôt que dans la main reflète la responsabilité que cette personne peut assumer dans la vie. Après tout, les clés ne sont données qu'à ceux qui ont le pouvoir de les utiliser.

La Suite des Forces signifie l'énergie, la conscience et la loi naturelle. La loi naturelle stipule que la conscience crée la réalité et que l'énergie attire l'énergie semblable. Ces pouvoirs vitaux sont des forces dans les univers physique et éthérique, et dans votre vie aussi. Lorsque vous trouvez ces cartes dans votre tirage, elles ne font pas seulement référence aux événements extérieurs de votre vie ; elles vous guident aussi sur l'énergie qui se trouve à l'intérieur de vous et alentour.

Les personnages des arcanes majeurs et mineurs

Tous les personnages qui apparaissent dans les arcanes mineurs et majeurs — y compris les reines, les rois, les maîtres ascensionnés et les archanges — peuvent représenter des individus dans votre vie (ou dans la vie de la personne dont vous faites la lecture). Certains d'entre eux sont peut-être des participants importants alors que d'autres sont plus secondaires. Ils peuvent représenter des intérêts amoureux, des amis, des collègues, des parents, des partenaires commerciaux ou tout autre type de relation. La situation dans la carte, l'occupation de l'individu ou le tempérament de la personne, de même que la position de la carte dans le tirage, peuvent tous indiquer qui est cette personne en plus de la nature de la relation.

Il est important de prendre note du genre d'un personnage dans les cartes, car il correspond généralement à celui de l'individu en question. Mais cette observation peut parfois s'avérer trompeuse parce que le genre montré dans une carte peut aussi indiquer le caractère yin (souplesse, sensibilité ou réceptivité) ou le yang (force, direction ou créativité) d'un individu. Par exemple, le Roi de Clés pourrait représenter une femme forte, dominante et sûre d'elle dans une position d'autorité au travail.

Ces personnages peuvent également représenter des rôles, des emplois, des attitudes et des personnalités incarnées par vous-même ou par une autre personne de votre vie. Par exemple, la Reine de Parchemins pourrait indiquer une position d'enseignement, l'écriture d'un livre, une profonde réflexion, ou une période de communication importante pour vous ou un autre. Le Roi de Roses pourrait être vous ou un autre assumant le rôle de mari, de père ou d'amant — ou alors il pourrait s'agir de quelqu'un qui est sensible, profondément épris ou même de nature spirituelle. La carte du Maître artisan pourrait indiquer une occasion très créative pour vous ou un autre — ou elle pourrait indiquer une personne dans votre vie avec laquelle vous partagez un projet très créatif et rentable.

Que la carte représente celui qui interroge les cartes (vous ou la personne pour laquelle vous lisez) ou une autre personne dans la vie de celui qui interroge les cartes, le portrait concerne plus la personnalité que le corps. L'activité et les émotions affichées sur la carte sont beaucoup plus importantes que la couleur des cheveux ou l'apparence physique.

Il est essentiel de comprendre que les suites peuvent indiquer non seulement les rôles, les professions et le tempérament des personnes, mais aussi les phases vécues par les gens. Un homme dont l'objectif de carrière est la plus grande préoccupation apparaîtrait dans votre lecture à travers une carte dans la Suite des Clés, comme l'Architecte, Hilarion, le Maître artisan ou le Roi de Clés. Même si ses traits de personnalité ou d'autres objectifs dans la vie pourraient refléter des Parchemins ou des Roses, sa priorité actuelle avec le travail sera indiquée par des Clés.

Les archanges et les maîtres ascensionnés sont des participants très importants dans votre vie. Lorsque des cartes les représentant apparaissent dans votre lecture, sachez qu'il s'agit d'un appel à vous ouvrir à leur présence, à construire une relation avec eux et à agir sur les objectifs que vous partagez avec eux. L'apparence de ces cartes peut refléter celle de personnes physiques dans votre vie. Elle peut également refléter celle des gens qui sont envoyés par ces maîtres et ces anges pour vous soutenir dans votre croissance spirituelle, vos directives karmiques et l'activité du travail supérieur que vous apportez au monde. Alors, gardez l'esprit et le cœur ouverts pour reconnaître ces aidants ou ces enseignants lorsque vous les verrez, peu importe la forme de leur apparition.

Comme un engagement à votre propre découverte intérieure et à l'éveil des pouvoirs, prenez le temps de méditer sur le symbolisme contenu dans les cartes. Le *Tarot akashique* révèle une histoire mythologique profonde qui, avec l'étude, peut faire mieux comprendre la vie et la spiritualité. Alors, acceptez que ce travail avec le tarot vous aide bien au-delà de vos péripéties personnelles. Laissez-le-vous aider à trouver les pouvoirs plus profonds et le sens spirituel de la vie.

Comment lire les cartes

Nous avons déjà discuté de la façon d'ouvrir les Annales akashiques en utilisant ce jeu de tarot. Apprendre les significations des cartes, donner vie à la scène représentée grâce à son imagination et s'ouvrir à chaque perception psychique sont les trois clés. Lorsque vous utilisez le *Tarot akashique,* vos intentions envoient un appel aux Forces akashiques et au monde des Esprits pour vous ouvrir la Salle des Annales. Vous avez accès à une information illimitée et aux pouvoirs psychiques nécessaires pour la percevoir. Mais vous devez changer de chemin si vous commencez à douter ou à ne plus vous laisser aller. Accordez-vous la totale liberté de faire confiance à chaque idée subtile, chaque sentiment, chaque image. Cette attitude fortifiera votre intention et intensifiera votre appel psychique à l'univers.

Lorsque vous commencez à travailler avec le *Tarot akashique,* vous êtes appelé à aider d'autres personnes grâce à vos dons. Même si vous n'avez l'intention de lire que pour vous-même, ne soyez pas surpris si vous êtes amené à partager vos dons avec les autres. Et quand c'est le cas, il est important d'être conscient de votre responsabilité à ce sujet.

Critères pour une bonne information dans une lecture

Il existe trois critères à respecter lorsque vous voulez effectuer ou obtenir une lecture responsable, que cette lecture soit faite par le biais du *Tarot akashique*, de l'astrologie, de l'intuition, de la médiumnité ou d'une autre discipline.

1. L'information est-elle vérifiable ? (Souvent, il s'agit de choses inconnues et qui n'ont même pas encore eu lieu au moment d'une lecture, donc vérifier ceci peut prendre un certain temps.)
2. Fournit-elle des alternatives et des choix remplis d'espoir et d'aide ?
3. Cette lecture aide-t-elle à faire l'expérience de l'amour dans sa vie et à l'exprimer ?

Tout ce qui se trouve en dehors de ces critères — comme la peur, la colère, la vulnérabilité, l'avidité, la jalousie ou toute autre émotion inférieure — appartient à l'ego (le Moi personnel), et non à l'Esprit. Une orientation appropriée reflétera toujours l'expérience la plus élevée de l'Esprit divin qui fait jaillir le monde. N'oubliez pas ces critères et laissez-vous toujours guider par l'Esprit.

Utiliser de manière responsable le tarot comme outil

Outre sa vision du futur, le *Tarot akashique* vous permet de découvrir un énorme potentiel et de travailler à partir des leçons karmiques. Dans toute lecture de tarot, des implications psychologiques sont possibles. Mais que la lecture soit pour vous ou pour une autre personne, n'hésitez pas si vous avez l'impression qu'un soutien psychologique serait nécessaire : trouvez-vous ou recommandez un bon thérapeute qui peut apporter son soutien.

Ceux qui viennent vous consulter pour des lectures — même s'il ne s'agit que de vos amis — attacheront beaucoup de sérieux et d'importance à vos paroles. Ne dites jamais à quelqu'un comment gérer le deuil sans connaître les phases du deuil. Ne dites à personne comment faire face à la dépendance sans connaître les différents traitements pour la dépendance. Même si vos lectures sont thérapeutiques, ne jouez pas le rôle d'un professionnel de la thérapie ou du soutien. La thérapie est une entreprise associée à une énorme responsabilité, et vos expériences de vie ne vous donnent pas la capacité de connaître l'état mental de chaque personne ni les méthodes de traitement qui peuvent convenir à de nombreux problèmes très différents les uns des autres.

Souvenez-vous toujours qu'une lecture ne montre que les potentiels possibles basés sur les énergies, les choix et les actions qui existent maintenant. Tout le monde est doté du libre arbitre. Assurez-vous d'aider ceux pour qui vous faites une lecture à découvrir leur propre pouvoir, à exprimer leurs idéaux spirituels et à prendre des décisions pour leur plus grand bien.

Formuler vos questions

Les lectures peuvent être utilisées pour obtenir des informations générales ou pour répondre à une question spécifique. Ne posez jamais une question avec un choix, comme : « Devrais-je devenir enseignant ou médecin ? » Cette question brouillera l'énergie autour des deux options, et il sera difficile de lire la réponse.

Voici quelques bonnes façons de formuler vos questions :

- *Si je suis mon plan actuel, quel est le résultat probable ?*
- *Que devrais-je savoir sur ma carrière/ma santé/ ma relation ?*
- *Quelles mesures puis-je prendre pour changer ou améliorer cette situation ?*
- *Dites-moi quelque chose au sujet de ses sentiments envers moi et de la direction que cette relation pourrait prendre.*
- *Quel devrait être mon objectif aujourd'hui ?*
- *Quel est le conseil de l'Esprit pour moi aujourd'hui ?*

Se préparer à une lecture

1. Calmez-vous et détendez-vous. Prenez quelques profondes respirations et affirmez que vous êtes ouvert à l'inspiration et aux conseils de l'Esprit.
2. Si vous faites une lecture générale, demandez au questionneur (vous-même ou un autre) de brasser les cartes en vous contentant de vous concentrer sur les cartes et en faisant appel à l'Esprit. Si une question spécifique est en cours, demandez à celui pour qui vous faites la lecture de brasser les cartes en gardant en tête la situation ou le problème précis.
3. Laissez-le couper les cartes comme il le veut.
4. Lisez les cartes dans l'ordre indiqué en fonction de votre choix de tirage. (Voir le chapitre suivant pour les différents tirages.)
5. Si vous tombez sur une carte qui vous laisse perplexe ou vous demande plus d'informations, vous pouvez déposer plus de cartes (nous vous suggérons trois ou cinq cartes), étalées sur une ligne de gauche à droite. Cette disposition élargira la portée de la situation et vous donnera plus de détails.

6. N'oubliez pas d'utiliser votre imagination pour que les images prennent vie. Parfois, regarder l'image d'une carte avec calme peut déclencher le côté visuel de votre cerveau, vous permettant de voir ou de sentir cette scène se dérouler dans votre esprit.
7. Répondez immédiatement à chaque impression psychique que vous recevez. Partagez rapidement et de façon responsable tout ce que vous obtenez rapidement.

Exploiter les Forces akashiques à l'aide de mini-processus

Chaque description de carte contenue dans ce guide comprend ce que nous appelons un « mini-processus » de la Force akashique. Il s'agit d'une visualisation très brève qui ne prend que quelques instants pour exploiter l'énergie éthérique liée à la carte.

Essayez d'effectuer fréquemment les mini-processus de la Force akashique dans ce livre, même si vous n'effectuez pas de lecture. Chaque fois que vous accomplissez l'une de ces mini-méditations, lisez le processus dans le guide. Puis fermez les yeux et respirez profondément pour attirer l'énergie en vous. Cette méthode vous permettra de toucher la Force akashique de la carte plutôt que de simplement penser à la carte de manière intellectuelle. Sentir la Force akashique vous aidera à en apprendre davantage sur les cartes et les énergies universelles en jeu, et cela vous donnera aussi de l'information pour toute lecture. Que vous fassiez une lecture pour un autre ou pour vous-même, vous pouvez utiliser les Forces akashiques pour en savoir plus. Choisissez simplement une carte que vous voyez dans le tirage et examinez-la de près. Puis fermez les yeux et imaginez-vous en train d'entrer dans cette image. Respirez profondément le nom de la carte en vous. Ressentez cette énergie et sentez comment l'être dans cette scène vous émeut. Si la lecture est destinée à une autre personne, partagez votre perception avec le requérant. Si cette lecture vous concerne, déterminez comment cette énergie et cette expérience s'appliquent à votre vie.

Vous pouvez également tirer profit des Forces akashiques et vous en servir dans votre propre vie. Leur pouvoir est à votre disposition dans n'importe quelle situation. Chaque fois que vous voulez à nouveau toucher une Force akashique particulière, vous pouvez lire le processus dans le guide ou simplement rappeler la carte. Faites entrer son nom et son énergie en vous. Fermez les yeux, et respirez profondément avec ce pouvoir. Remarquez comment cela renforce votre conscience de vous-même et votre but. Appliquez cette énergie à toute situation où elle peut vous aider. (Pour plus de mini-techniques d'énergie qui vous aident à commander rapidement les Forces et à déclencher l'action, veuillez vous référer au livre Power Words de Sharon Anne Klingler.)

Tirages pour le *Tarot akashique*

Placement de la carte et détermination du moment

Pour la plupart d'entre nous, qui vivons dans la civilisation occidentale, la lecture se fait de gauche à droite. La partie gauche d'un livre ouvert est la partie de l'histoire qui est accomplie, et la droite contient ce qui est à venir : l'avenir, l'inconnu. C'est ce qui se passe avec la plupart des tirages de tarot. Ce qui est à gauche du centre montre le passé, ce qui est au centre est le présent, et ce qui est à droite est encore à venir.

Bien sûr, il n'y a pas de règles ni de vérités absolues dans un processus intuitif; laissez les choses se passer pour vous exactement de la façon dont vous les obtenez. Si vous faites l'expérience du temps de manière différente, laissez les choses se faire. Vous ne pouvez pas construire une confiance absolue dans votre flot psychique si vous ne faites pas confiance à chaque partie de votre expérience.

Il arrive souvent qu'une rangée de cartes allant de gauche à droite montre la séquence des événements ainsi que le temps impliqué par ces événements. Comme nous l'avons mentionné, vous pouvez acquérir plus d'informations en plaçant des cartes supplémentaires dans une rangée sur n'importe quelle carte dans un tirage. Il suffit de déposer trois à cinq cartes de gauche à droite sur n'importe quelle carte qui suscite votre curiosité. Chaque carte fournira de nouvelles idées, et globalement, la rangée de cartes racontera une histoire avec la séquence d'événements se déroulant de gauche à droite. Parfois, les cartes expriment une causalité, où l'action d'une carte peut déclencher l'événement montré dans la prochaine carte ou dans les prochaines cartes, mais ce n'est pas toujours le cas.

Le nombre de mois qui se passeront avant l'arrivée d'un événement peut aussi être révélé dans ces rangées de cartes supplémentaires. Par exemple, il peut y avoir une question sur le moment d'un futur déménagement. S'il n'y a pas de carte qui indique un mouvement sur la table, vous pouvez simplement poser des cartes supplémentaires jusqu'à l'obtention d'une carte qui montre un mouvement. Ensuite, il suffit de compter le nombre de cartes nécessaires pour y arriver. Cette méthode indiquera le nombre de mois devant passer avant que ce résultat se produise.

Sachez cependant que cette méthode de lecture du temps n'est pas absolue. Elle ne vous donne qu'une indication approximative. Le temps est très élastique et toute ligne temporelle vers un résultat souhaité peut être raccourcie ou allongée. Tout dépend du libre arbitre et de l'énergie de la personne ou des personnes impliquées, de même que de leurs efforts en vue de la réalisation des résultats souhaités. L'hésitation et le manque d'action peuvent saboter les rêves d'une personne, mais l'action les crée. Tout dépend de l'individu.

Il existe aussi des informations directionnelles contenues dans les images des cartes individuelles (telles que des personnes montrant un chemin ou des sentiers allant dans une certaine direction, des personnes se faisant face, se rapprochant ou s'éloignant l'une de l'autre, etc.). Les choses qui pointent vers la gauche indiquent le passé, et celles qui pointent vers la droite indiquent l'avenir. Bien sûr, les gens qui se regardent dans la disposition (en particulier les Rois et les Reines de la même suite) montrent une connexion entre eux, même s'ils semblent se regarder de l'autre côté de la table. Inversement, les personnes qui se font face (ou qui s'éloignent les unes des autres) indiquent les personnes éloignées les unes des autres par choix ou à cause des circonstances.

La disposition importe aussi dans la lecture d'une carte lorsque la scène pointe vers une carte voisine (qu'il s'agisse de la gauche, de la droite, du haut ou du bas). Lorsqu'une image pointe (que ce soit par un bras levé, la direction d'un bateau, etc.) vers une carte voisine, elle indique les autres personnes, événements ou conditions qui influencent la situation dans la carte originale. Par exemple, si le Roi de Clés monte à cheval vers la carte du voyage, ce Roi peut avoir un déplacement ou un voyage à venir (ou très récent, selon le côté où se trouve la carte du voyage).

Pour l'instant, tout ce que vous avez à faire, c'est de remarquer ce que la carte voisine vous dit. Ne soyez pas dérangé par son influence ; remarquez simplement ce que vous ressentez à ce sujet. Les informations akashiques fournies par l'interaction des cartes vous seront connues quand vous aurez acquis de la pratique. Il y a un flux d'énergie entre les cartes individuelles, tout comme il y a une énergie qui circule entre vous et la Salle des Annales.

Ayez une vue d'ensemble du tirage

À la fin ou au début de chaque lecture, examinez le tirage dans son ensemble. Les personnages inversés, les arcanes majeurs et les jeux de couleurs peuvent ajouter à la façon dont les Annales sont révélées dans n'importe quel tirage.

S'il y a beaucoup de cartes de personnages inversées, vérifiez d'abord s'il y a des Rois et des Reines de la même suite ; cette inversion pourrait montrer la distance entre eux. Sinon, les cartes inversées indiquent des personnes qui ont des problèmes avec les tâches, dans leurs relations avec vous ou dans leur propre vie. Dans tous les cas, il se pourrait que vous ayez l'impression de ne pas recevoir tout le soutien que vous souhaitez, et ces perturbations pourraient vous atteindre.

Les couleurs que vous voyez sur la table seront peut-être aussi révélatrices. Une prépondérance de cartes sombres pourrait montrer beaucoup de défis et de sentiments plus sombres. Une majorité de cartes claires ou brillantes indique probablement une période plus facile — peut-être même plus facile que le croit le requérant. Les cartes brillantes peuvent également indiquer un éclaircissement des sensations et un afflux d'énergie en général.

Les arcanes majeurs qui apparaissent peuvent aussi apporter plus d'informations que les significations individuelles des cartes. Si beaucoup d'arcanes majeurs tombent sur ou près d'une carte qui symbolise un projet ou une relation particulière, cela montre qu'il est extrêmement important. Ce projet ou cette relation pourrait avoir des répercussions importantes sur votre avenir et faire partie de votre évolution spirituelle et de vos leçons karmiques. S'il y a beaucoup d'arcanes majeurs dans un tirage, cela indique que le requérant pourrait traverser une phase d'initiation : une période de grande croissance spirituelle qui apporte des changements significatifs de même que de plus grandes révélations de pouvoir, de vision et de sagesse. Parfois, ces phases nécessitent une perte d'activités ou de relations de moindre énergie, de sorte qu'une augmentation de la vibration est possible.

Le tirage à une carte

Vous pouvez faire cette lecture tous les jours pour vous donner une rapide vue d'ensemble des événements de la journée ou afin de vous aider à utiliser les Forces akashiques. Le tirage à une carte peut également répondre à une question spécifique que vous pourriez avoir.

Avant de commencer, prenez une pause, respirez profondément et calmez votre esprit. Brassez le jeu tout en vous concentrant sur la journée à venir ou sur la question que vous vous posez. Tirez une seule carte, restez fixé sur l'image et donnez-lui vie en l'animant par l'imagination. Lisez la description dans le guide tout en ajoutant votre propre interprétation intuitive. Vous pouvez également effectuer le mini-processus dans le guide pour vous appuyer sur la Force akashique qui s'applique à la situation que vous étudiez ou qui se trouve au centre de votre journée.

Le tirage à trois cartes

C'est un moyen facile d'examiner les influences passées, les circonstances présentes et le potentiel futur. Après avoir brassé et coupé le jeu, disposez trois cartes de gauche à droite. Celle sur la gauche indique l'influence passée qui apporte l'énergie à la circonstance présente. La carte du centre décrit les choses telles qu'elles sont actuellement, à la fois énergétiquement et logistiquement. La carte sur la droite révèle le résultat potentiel dans le futur.

Ce que représente la carte du passé pourrait être aussi récent que la veille ou aussi ancien que l'enfance. Et ce que représente la carte du futur sur la droite pourrait être aussi près que le lendemain ou aussi lointain que l'année suivante. Donc, dans cette situation comme dans toutes les lectures, servez-vous de votre intuition pour l'interprétation et le calendrier. Si vous souhaitez plus d'informations sur l'une des cartes dans ce (ou n'importe quel) tirage, posez quelques cartes supplémentaires (trois ou cinq cartes sont recommandées) sur la carte en question pour une connaissance plus approfondie et des précisions sur le déroulement dans le temps.

Le tirage en forme de pyramide

La Grande pyramide était l'un des plus importants projets structurels de l'histoire. Et c'est peut-être pourquoi ce tirage peut être si utile lorsque vous avez des questions sur un travail particulier et des projets créatifs. Les relations et la famille sont aussi des projets très créatifs, alors vous pouvez aussi poser des questions à ce sujet.

Brassez les cartes avec en tête votre relation ou votre projet précis, et disposez les cartes comme indiqué sur le schéma.

Les cartes 1 à 4 indiquent la base du problème — ce que vous avez déjà construit et les situations sur lesquelles repose la tâche. Bien sûr, le fait qu'il s'agisse de la base ne signifie pas que tous vos efforts avec les personnes et les situations montrées dans cette ligne sont terminés. Au contraire, puisqu'elles soutiennent tout, vous devez continuer à leur accorder votre attention.

Les cartes 5 à 7 représentent la deuxième phase de cette lecture. La ligne de base a montré le début et les points d'appui de ce qui se passe maintenant ; cette deuxième rangée montre ce qui existe dans le présent. Un sens spécial est aussi attribué à la carte du centre. La carte 6 représente la Chambre du Roi, qui est au centre de la Grande pyramide. Elle symbolise la situation ou la personne au centre du problème.

Si la carte de la Chambre du Roi est situationnelle, elle montre le problème le plus important à cet égard. Si une personne est représentée dans cette position, elle montre la personne en autorité ou avec le plus d'insistance, que ce soit vous ou quelqu'un d'autre. Si un personnage dans la Chambre du Roi est renversé, cela représente une personne au pouvoir qui ne collabore pas ou qui perd peut-être complètement sa place. Les cartes de chaque côté de la Chambre du Roi peuvent indiquer les actions à entreprendre pour traiter la carte du centre.

La carte 8 indique le point culminant ou le dénouement du problème. Elle montre votre potentiel et, parfois, ce que vous devez surmonter pour y arriver. Si vous n'obtenez pas une carte définitive de résultats ici, c'est qu'ils seront peut-être atteints à un moment ultérieur. (Rappelez-vous : si vous voulez plus d'informations sur cette carte ou sur n'importe quelle carte, vous pouvez toujours déposer plus de cartes, comme nous en avons discuté.)

Souvenez-vous qu'une vue d'ensemble des cartes dans votre tirage peut vous apporter d'autres idées. Soyez conscient des personnes retournées, des arcanes majeurs et des couleurs globales que vous voyez.

Connexions astrologiques à la Grande pyramide

Il existe un autre niveau de connaissances que peut ajouter la première ligne du tirage de la pyramide (cartes 1 à 4). Vous pouvez apprendre comment élargir votre base à travers les connexions astrologiques trouvées dans la Grande pyramide. Appliquez simplement l'énergie des éléments à la situation ou à la personne indiquée sur les cartes 1 à 4.

- *Carte 1 :* Appliquez l'énergie du feu. Ajoutez de la vitesse, de la force, de la chaleur, de l'action, de la fermeté et la force créatrice du yang à la situation. Si vous respirez le pouvoir au plus profond de la carte qui atterrit ici, quelle nouvelle idée vous donne-t-elle de la situation ?

- *Carte 2 :* BApportez l'énergie de la terre. Le suivi de l'approvisionnement, l'attention aux détails, la rigueur, la recherche et une plus grande responsabilité. Comment plus de précision et une plus grande fiabilité pourraient-elles venir en appui à la situation dans la carte tirée à cet emplacement ?
- *Carte 3 :* Appliquez l'énergie de l'air. Élevez la situation à une perspective plus large et donnez-lui une portée plus étendue avec plus de réflexion et de communication. Qu'est-ce que la carte qui atterrirait ici vous montrerait si vous élargissiez la scène représentée autant que possible pour y trouver de nouvelles idées ?
- *Carte 4 :* Ajoutez l'énergie de l'eau en créant un état de réceptivité yin. Méditez sur la carte qui tombe ici. Cherchez à comprendre vos émotions. Lorsque vous appliquez le repos et la réceptivité à cette carte, comment vous sentez-vous ?

La roue de la vie

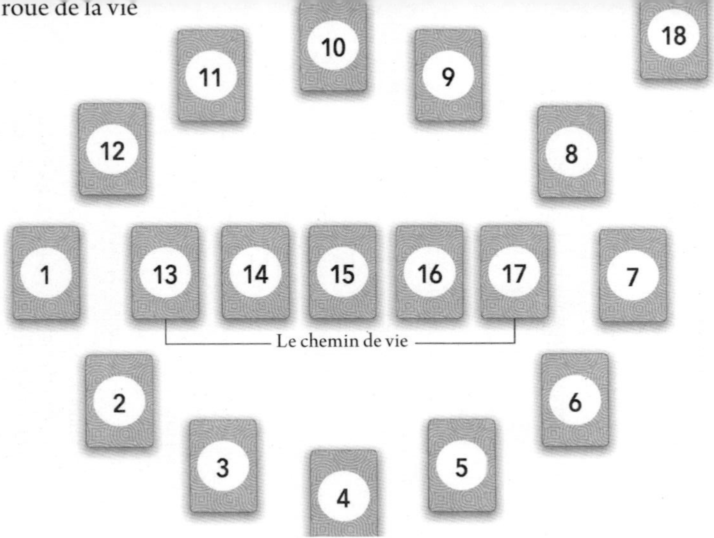

Voici quelques exemples de cartes qui se connectent aux éléments :

- *Carte 1 :* Si la carte Printemps/Automne atterrit dans l'élément du feu, il est important de prendre des mesures supplémentaires et d'accélérer le rythme en plantant les semences pour de nouveaux projets.
- *Carte 2 :* Si la carte Diversité tombe dans l'élément Terre, essayez différentes choses dans votre approche de la situation. Il est également temps d'appliquer de nouvelles méthodes pour obtenir le moindre détail nécessaire.
- *Carte 3 :* Si l'inscription « Établir votre parcours » se présente dans l'élément de l'air, il pourrait y avoir des études approfondies pour vous ou un voyage impliqué dans l'enseignement supérieur. Votre parcours pourrait nécessiter un envol de l'esprit ou même un véritable envol.
- *Carte 4 :* Si la Reine de Parchemins tombe dans la position de l'eau, il se peut qu'il y ait une femme (peut-être une thérapeute) qui vous aide à mieux comprendre sur le plan émotionnel. C'est aussi une indication que vous pourriez donner de l'amplitude à vos expériences psychique grâce à la pratique et la méditation, ou en compagnie d'une enseignante.

La roue de la vie

Ce tirage combine la roue astrologique montrant les 12 maisons avec le chemin de vie.

Les cartes 1 à 12 sont placées dans le sens inverse des aiguilles d'une montre, indiquant l'énergie, les personnes ou les situations qui influencent chacune des maisons astrologiques. Les cartes vous indiquent les situations et les personnes impliquées, tandis que les maisons vous montrent quelle partie de votre vie ces situations et ces personnes vont inspirer.

- *Carte 1, Première maison :* le soi, votre expression personnelle, la manière dont vous vous définissez, votre image, la découverte de soi et la conscience de soi.
- *Carte 2, Seconde maison :* l'argent, vos propres ressources, où et comment vous gagnez votre revenu, vos valeurs.
- *Carte 3, Troisième maison :* les frères, sœurs et amis qui sont comme des frères et sœurs, l'esprit conscient, les petits groupes, les courts voyages, les ordinateurs, les courts textes (articles, poésie, blogues, etc.), les événements locaux.
- *Carte 4, Quatrième maison :* la maison, la mère (ou le parent nourricier), la famille, les émotions.

- *Carte 5, Cinquième maison :* les enfants, la créativité et les projets créatifs, les loisirs, les aventures amoureuses.
- *Carte 6, Sixième maison :* le travail quotidien, les collègues, la santé physique et mentale, la vie quotidienne, les animaux de compagnie.
- *Carte 7, Septième maison :* le conjoint, les partenaires romantiques, les partenaires d'affaires.
- *Carte 8, Huitième maison :* la vie et les finances partagées avec un partenaire, l'argent provenant d'autres sources, y compris les héritages, la transformation, le pouvoir psychique, le sexe.
- *Carte 9, Neuvième maison :* la conscience supérieure, les voyages de longue distance, les perspectives plus larges, l'université et l'enseignement supérieur, la philosophie, les publications.
- *Carte 10, Dixième maison :* la carrière, ce que vous souhaitez réaliser, la réputation, l'autorité, le père (ou le parent plus éloigné, autoritaire).
- *Carte 11, Onzième maison :* les groupes, les amis, les aspirations sociales, le réseautage, les grandes structures d'entreprise, la psychologie.
- *Carte 12, Douzième Maison :* l'inconscient, les leçons et relations karmiques, les rêves, ce qui est caché derrière le voile, la communication de l'Esprit, la prison.

Voici quelques exemples :

Si la bibliothèque akashique apparaît dans votre sixième maison, cette position indique que vous pourriez puiser dans les Annales chaque jour ou dans le cadre de votre travail quotidien. Si elle tombe dans votre neuvième maison, vous pourriez écrire et publier un livre avec l'aide des Annales ou sur les Annales.

Si le Roi de Forces tombe dans votre septième maison, il pourrait y avoir une sorte de partenariat avec lui. Dans la Douzième, vous partagez un karma avec lui. Dans la dixième maison, il pourrait vous embaucher, ou s'il s'agit de vous, vous éprouverez plus de pouvoir dans votre carrière.

Si les Sables du Temps atterrissent dans la cinquième maison, il y a peut-être une situation avec des enfants ou un projet créatif à un moment crucial.

Si l'une des cartes de voyage/déménagement tombe dans la quatrième maison, il y a un déménagement ou un réaménagement de la maison ; si c'est dans la dixième, il pourrait y avoir un changement d'orientation ou de relocalisation dans votre carrière ; s'il s'agit de la onzième, le déménagement pourrait concerner l'un de vos amis.

Les cartes 13 à 17 asont disposées en ligne de gauche à droite au centre du cercle créé par les cartes 1 à 12. Montrez les gens et les situations que vous trouvez sur votre chemin aujourd'hui. Cette carte centrale identifie ce qui est central pour vous en ce moment — votre objectif principal et le message le plus important.

La carte 18 est une carte unique qui vous donne un aperçu du futur à long terme. C'est un aperçu des tendances futures basées sur les choix et les actions d'aujourd'hui.

Comme dans la plupart des autres tirages, vous pouvez déterminer le moment en fonction des cartes qui tombent. Les quatre cartes les plus éloignées vers la gauche (1, 2, 12 et 13) représentent les deux ou trois dernières années (bien que la douzième maison puisse aussi inclure le passé lointain et même les vies passées, puisqu'elle implique le karma). Les quatre cartes les plus à droite (6, 7, 8 et 17) indiquent ce qui va arriver (dans ces maisons, ou secteurs de votre vie) dans les deux ou trois prochaines années. Et toutes les cartes entre les deux montrent les influences présentes, y compris dans les quatre à huit derniers mois et les quatre à huit prochains mois. N'oubliez pas de faire confiance à ce que vous ressentez dans votre expérience personnelle du temps.

Rappelez-vous qu'une vue d'ensemble des cartes dans votre tirage peut vous apporter d'autres informations. Soyez conscient des personnages inversés, des arcanes majeurs, des couleurs globales que vous voyez et de l'interaction entre les cartes.

Les significations des cartes

Les chapitres suivants vous donnent les significations de chaque carte. Prenez note du nom de chaque carte, car non seulement il encapsule l'interprétation de la carte, mais il agit aussi comme un catalyseur pour déclencher la signification et l'énergie de cette carte — sa Force akashique circule dans votre expérience.

Lisez la signification de chaque carte afin de la comprendre intellectuellement. Souvent, intégrez-vous à la scène, même avec les cartes renversées, pour imaginer l'action là-bas et déterminer quelle impression elle vous donne. Enfin, pour connaître viscéralement l'énergie d'une carte, exécutez le mini-processus des Forces akashiques dans le guide. Assurez-vous de fermer les yeux et de respirer l'énergie de la carte en vous, en vous laissant remplir de toutes les façons possibles.

En travaillant avec ces cartes, vous établirez une relation plus profonde avec elles, ainsi qu'avec les Annales akashiques et vos guides spirituels. Ils vous parlent tous, et la seule chose à faire pour vous est d'ouvrir votre cœur intuitif et de leur répondre.

LES
ARCANES MAJEURS

1

L'ORACLE DE DELPHES

Droite

La Pythie — ou prêtresse de Delphes — est assise sur un siège haut à trois pieds. De la vapeur monte doucement d'une petite fissure dans le sol. Tout près, un prêtre en robe se prépare à écrire sur un parchemin ouvert. Tandis que la Pythie reçoit psychiquement les perceptions d'Apollon, le prêtre interprète ses paroles. Nous y voyons les deux clés importantes de l'expérience psychique : la perception et l'interprétation.

Lorsque vous recevez cette carte, vous êtes dans une période de grande vision et de pouvoir psychique. Même si vous ne le reconnaissez pas encore, elle est très proche de votre conscience parce que vous l'avez utilisée dans tellement de vies passées. Vous pouvez recevoir des images ou des impressions sans savoir comment les interpréter. Prenez des notes en pratiquant à la fois vos perceptions psychiques et leurs interprétations. Tout comme elles ont attribué à l'Oracle de Delphes une profonde conscience, vos perceptions psychiques et leurs interprétations vous octroient une vision puissante et une vision akashique du monde.

Inversée

Cette carte montre que vous avez nié votre voix intérieure d'une manière ou d'une autre. Vous avez peut-être reçu des messages de votre esprit (ou d'autres esprits) sans les reconnaître ou même en leur résistant. Peut-être avez-vous mis de côté votre travail psychique ou de médiumnité. Quoi qu'il en soit, éveillez-vous au pouvoir des messages que vous recevez. Lorsque vous les niez, vous sapez tout ce que vous souhaitez accomplir. Alors, allumez le flambeau. Lorsque vous écoutez votre voix intérieure et y répondez, vous devenez l'oracle de votre propre vie.

Force akashique

Fermez les yeux et entrez à l'intérieur de vous-même. Sentez que votre énergie psychique grandit à partir du plus profond de votre être. Maintenant, observez la première chose que vous ressentez.

2

LA BIBLIOTHÈQUE AKASHIQUE

Droite

À l'intérieur d'une grande bibliothèque, des bougies jettent une lueur sur les livres dans les larges étagères. Un sage est assis, l'air pensif, avec un livre ouvert sur sa table et un stylo à la main.

Cette carte peut parfois indiquer pour vous l'écriture ou la publication d'un livre, mais elle symbolise aussi une nouvelle initiation, une capacité à manifester une nouvelle vie de toutes les manières possibles. Vous avez pénétré dans les Annales akashiques et vous avez acquis une conscience de soi supérieure. Une recherche plus poussée peut être nécessaire, mais vous comprenez mieux vos motivations passées et vos nouveaux objectifs.

C'est aussi un moment d'intuition accrue ainsi qu'une création personnelle plus importante. Pendant cette phase, tout ce que vous avez à faire est d'ajouter un petit effort conscient pour écrire vos prochaines Annales dans l'Akasha.

Pour commencer dès aujourd'hui, écrivez une déclaration simple sur l'avenir que vous souhaitez créer et répétez-vous-la souvent. Ensuite, décidez de quelque chose qu'il vous est possible d'accomplir pour y arriver et faites-le. Tout peut arriver, maintenant. L'ampleur du paysage devant vous repose uniquement sur la portée de votre imagination — et votre volonté de le posséder.

Inversée

Dans cette carte inversée, l'escalier conduit de plus en plus loin vers le bas. Bien que vous puissiez avoir l'impression d'être dans un état de confusion, il est temps d'aller plus loin. Les livres de votre connaissance akashique ont peut-être été inversés, mais ils sont toujours à portée de main. Vous avez peut-être renoncé aux conseils psychiques de votre Sage intérieur. Peut-être avez-vous eu une perturbation dans votre vie, ou alors une simple distraction. Dans tous les cas, il est temps de jeter une lumière nouvelle sur votre passé et sur votre découverte intérieure.

Cherchez maintenant à puiser dans la puissance à l'intérieur (et à travers) les Annales. Commencez aujourd'hui en écrivant une déclaration de libération des choses qui ont brouillé votre clarté. Fermez les yeux et voyez-les toutes se disperser. Avec un simple petit effort, le livre de vos Annales akashiques personnelles, qui semble avoir atterri sur sa face cachée, peut être redressé et écrit par vous !

Note spéciale

Lorsque vous recevez cette carte (qu'elle soit droite ou inversée), c'est l'indication qu'un livre vous apportera un message ! Aujourd'hui, ouvrez un livre qui s'impose à vous. Laissez-le s'ouvrir sur n'importe quelle page, lisez un passage et réfléchissez aux mots tout au long de votre journée. Déterminez quelle relation ou quelle situation dans votre vie il aborde, et ne croyez pas que ce sera forcément la plus urgente qui vous viendra à l'esprit. Les Forces akashiques sont actives dans toutes les parties de votre vie, et vos livres font en réalité partie de la Bibliothèque akashique.

Force akashique

En fermant les yeux, imaginez-vous entrer dans la plus belle et la plus sereine des bibliothèques anciennes. Imaginez-vous prendre un livre sur une étagère et l'ouvrir sur une page. Remarquez le premier mot qui vous vient. Que vous raconte-t-il ? Comment vous sentez-vous ? N'oubliez pas de visiter cette bibliothèque mystique et de puiser dans cette vaste sagesse qui est la vôtre.

3

L'ARCHANGE GABRIEL

Droite

Gabriel est le messager divin, l'archange de la communication. Il arrive avec sa trompette et son parchemin en même temps que deux moineaux familiers, signifiant une expression puissante, mais paisible. Sur sa poitrine, il porte la crête de Mercure, le dieu de la communication. Cet ange aimant transporte les mots sacrés de la vérité dans le monde et vous les amène facilement.

Lorsque cette carte apparaît en position droite, elle indique un lien profond avec cette merveilleuse présence. Votre pouvoir d'expression est maintenant à la hausse. Vous aurez plus de facilité à communiquer avec les autres, à exprimer vos sentiments et même à travailler sur des projets de communication tels que l'édition, le conseil, l'enseignement, la médiumnité, le journalisme, le marketing, la radio ou la télévision. Il est maintenant temps de vous engager dans l'une de ces entreprises. Mais ne vous méprenez pas sur ce que vous faites ; souvenez-vous du pouvoir des mots. Faites appel à Gabriel pour vous inspirer et lancez-vous !

Inversée

La carte de Gabriel inversée indique qu'il se peut que vous passiez un moment difficile en matière de communication. Vous ne vous exprimez pas ou vous remplissez votre esprit de paroles négatives. Il pourrait s'agir d'une leçon de vie pour vous, de quelque chose que vous avez besoin de changer depuis longtemps.

Gabriel est une force puissante qui peut apporter l'amour divin et le courage à votre expression, et il vous est suggéré de lui demander son aide. C'est à vous de tendre la main à cet ange merveilleux qui est toujours disponible et prêt à aider. Laissez-le-vous remplir de courage par sa présence paisible, mais puissante.

Cet ange a été un ami pour votre âme tout au long de l'histoire des Annales akashiques. Cette période de confusion ou de perturbation dans la communication est une occasion parfaite pour vous éveiller à cette profonde amitié, à votre dignité et à votre pouvoir de vous exprimer et de parler franchement. Alors, comprenez ce que vous avez à dire, méditez sur la présence aimante de Gabriel et commencez à vous sentir à l'aise d'entendre votre voix puissante et positive. Il est temps de parler, pas de vous taire !

Force akashique

Sentez l'Archange Gabriel qui marche devant vous et pose sa main sur vous. Il vous remplit de la volonté de vous exprimer. Que voulez-vous partager, et avec qui voulez-vous le faire ?

4

BEITH — NAISSANCE

Droite

Le soleil brille sur une plaine en Angleterre : au loin se dressent un ancien site archéologique loin et un bosquet de bouleaux à proximité. Sur de nombreux arbres est sculptée l'ancienne lettre celtique ogham beith, qui représente le bouleau et signifie la naissance. Une belle femme marche vers l'avant en portant un panier tandis que deux enfants courent joyeusement vers elle.

Avec cette carte, il est temps de prendre un nouveau départ, avec peut-être une véritable naissance ou une naissance métaphorique. Une période ancienne disparaît et une nouvelle commence. Mais ce nouveau commencement lui-même puise ses racines dans vos histoires les plus profondes et vos vies passées. Il peut y avoir du travail à faire, mais c'est un travail qui porte ses fruits.

Cette carte est associée à la fertilité, la sensualité et la maternité. Il se peut qu'il y ait une nouvelle énergie dans une histoire d'amour, la famille ou la maison. Vous pourriez aussi donner naissance à un projet créatif. Peu importe de quoi il s'agit, célébrez-le ! Préparez-vous à la merveilleuse croissance et aux occasions qui s'annoncent.

Inversée

Avec cette carte inversée, vous pouvez éprouver des problèmes ou des retards avec une grossesse ou une histoire d'amour. Il peut aussi y avoir des difficultés pour l'un de vos enfants ou entre vous et un enfant. Il se peut également qu'un enfant parte pour l'université ou quitte la maison. Un sentiment de manque d'amour ou un désir inassouvi pour le foyer et la famille peuvent aussi être présents. Soyez fort et trouvez l'amour infini à l'intérieur de vous-même : c'est une force qui peut tout changer.

Parfois, la carte de la Naissance inversée indique une difficulté à trouver votre but, ce qui nécessite maintenant une enquête. Vous pourriez être surpris de trouver des indices sur votre objectif futur en examinant votre passé et même vos vies passées. Continuez de chercher et ne soyez pas effrayé. Votre nouvel objectif attend de naître.

Enfin, cette carte inversée pourrait également montrer un retard avec d'autres nouveaux départs, comme un nouvel emploi ou un projet créatif. Dans certains cas, c'est simplement qu'une occasion extérieure ne s'est pas encore présentée. Cela pourrait également indiquer que vous devez travailler plus fort et rassembler votre courage pour faire le premier pas. Pourtant, cette inversion ne signifie pas la fin de votre nouveau départ. Elle peut simplement exiger que vous trouviez un moyen différent de vous y prendre.

Force akashique

Fermez les yeux et imaginez-vous entrer dans le moment de la grossesse proverbiale — sentez les Forces créatives éclater et étinceler à l'intérieur et autour de vous. Qu'aimeriez-vous créer avec cette énergie ?

5

HILARION

Droite

Représenté avec l'Esprit et les instruments de l'étude et de la découverte scientifique, Hilarion, un maître ascensionné puissant, est une merveilleuse connexion à la source de l'information que contiennent les Annales akashiques. Il est le maître de la recherche, de la science, de la vérité, de la guérison, de l'esprit logique, de la connaissance concrète et de la communication de l'Esprit. Donc, si vous avez songé à poursuivre une entreprise dans ces domaines, c'est le moment de commencer !

Comme les anges et les autres maîtres, Hilarion est toujours disponible pour vous, et si vous recevez cette carte en position droite, son aide est à portée de main. Si vous travaillez sur un projet qui exige de la recherche, une solide approche académique ou une attention particulière aux détails, vous pouvez y aller à fond.

Il est temps de vous ouvrir à l'énergie de ce maître si vous avez un travail qui implique la recherche de preuves et l'établissement de conclusions à partir de ces découvertes. Ces types d'emplois comprennent la recherche scientifique, la médiumnité, l'activité médicolégale, la loi, les tests médicaux et plus encore. Ces activités et d'autres similaires devraient maintenant se développer pour vous.

C'est le moment d'apporter une approche logique à toutes vos activités. Hilarion vous accompagne, et il vous bénit avec de l'aide, de la clarté et de la direction.

Inversée

Lorsque la carte d'Hilarion apparaît inversée dans votre tirage, c'est un signe que vous avez perdu votre concentration et qu'un problème dans votre vie vous a rendu totalement illogique. Vous vous sentez peut-être confus parce que vous vous trompez sur quelque chose ou sur quelqu'un. Cette inversion peut aussi révéler qu'il existe des informations importantes qui vous sont sans doute inconnues.

Peu importe ce qui vous tracasse, il est temps de vous concentrer sur votre esprit logique. Tournez-vous vers Hilarion pour obtenir de l'aide, puis créez la forte intention de faire votre part. Ouvrez les lignes de communication dans votre vie spirituelle et personnelle. Et par-dessus tout, que ce maître de la connaissance et de la vérité vous aide à être plus honnête avec vous-même. Lorsque vous vous voyez ou voyez votre vie avec franchise, toute confusion se dissipe.

Force akashique

Fermez les yeux et sentez le maître Hilarion à vos côtés. Sentez votre énergie et votre vibration s'accélérer. Remarquez une nouvelle énergie mentale d'éveil et de compréhension facile. Votre esprit est ouvert comme un ciel sans limites, et tout devient clair et lumineux. Apportez cette luminosité à n'importe quel problème de votre vie qui a besoin de clarté en ce moment.

6

LE MÉDECIN DIVIN

Droite

Le Médecin divin se tient devant un puits, portant un pichet d'eau aux vertus curatives, et il partage sa lumière de guérison avec ceux qui se trouvent à proximité. Sur sa robe, il y a le caducée, l'emblème de la médecine et de la guérison. Appelé Dian Cecht par les Celtes, il a ressuscité les personnes blessées mortellement grâce à des incantations de mots sacrés. Cet esprit de guérison puissant et éternel fonctionne avec vous en ce moment.

Cette carte indique que vous entrez dans une merveilleuse période à plusieurs niveaux. Il y a une personne qui peut être un grand guérisseur pour vous, mais aussi un enseignant qui partage avec vous ses dons, que vous pourrez transmettre aux autres. Si vous ne connaissez pas encore cette personne, gardez les yeux ouverts. Il ou elle arrive.

Vous pouvez aussi être appelé à aider les autres en ce moment. Souvenez-vous que le mot et la pensée, la croyance et le sentiment sont des éléments clés pour se guérir et enseigner aux autres à le faire. Ce sont des outils importants dans le sac médical du Médecin divin, alors assurez-vous de faire en sorte qu'ils fassent aussi partie du vôtre. Sachez que la lumière de la guérison brille autour de vous et à travers vous. Une telle joie radieuse peut apporter le bien-être à tous.

Inversée

Vous avez peut-être perdu de vue tout ce dont vous avez besoin pour prendre soin de vous. Ou si vous étiez sur le chemin de la découverte de vos dons de guérison, vous pourriez avoir dévié pendant un moment. Dans tous les cas, il est temps de reprendre votre tâche, de retrouver le respect de vous-même et de renouer avec vos dons.

Vous avez peut-être aussi oublié le pouvoir de vos pensées, idées et émotions, qui font partie de l'élixir qui vous apporte la guérison (et qui vous aide à apporter la guérison aux autres). Assurez-vous de prendre ces ingrédients pendant que vous vous remettez sur votre chemin. Le médecin divin, vos mots puissants et vos actions en soutien vous feront ressusciter.

Force akashique

Ressentez le Médecin divin alors qu'il marche devant vous et verse la lumière et l'énergie de la guérison parfaite en vous. Fermez les yeux et sentez la chaleur rayonnante de la santé et d'un joyeux bien-être. Prenez possession de l'harmonie et de la force qui vous emplissent.

7

LA RÉUNION KARMIQUE

Droite

Une tour d'horloge se dresse avec ses aiguilles indiquant qu'il reste quelques minutes avant midi. Un homme et une femme s'approchent l'un de l'autre, venant se rencontrer à l'heure prédéterminée par leur Moi supérieur qui se montre au-dessus d'eux, translucide et brillant.

Avec votre consentement, vous arrivez vers une relation importante dans votre vie — qu'elle soit entièrement nouvelle ou qu'une relation existante se transforme en un amour supérieur. Les vies karmiques du passé vous ont peut-être rapprochés ; il est donc important pour vous deux de rester vigilants. Faites de votre progrès individuel et collectif une priorité et agissez avec déférence et compassion envers vous et envers les autres. Si vous honorez votre parcours karmique, il pourrait s'agir de l'une des relations les plus fortes que vous puissiez connaître.

Cette carte peut également montrer une rencontre supérieure avec une autre personne concernant une situation de travail, un projet créatif ou un objectif important que vous visez. Cela aussi est probablement karmique. Peut-être est-ce un éditeur dans une vie antérieure, un maître spirituel, un frère ou une sœur. Qui que ce soit, c'est une relation puissante et prometteuse. Alors, préparez-vous. C'est presque l'heure !

Inversée

Il y a une personne dans votre vie avec laquelle vous aviez projeté de travailler sur votre karma pour défaire les modèles de la vie passée et créer une plus grande réciprocité, un plus grand amour et un meilleur soutien. Malheureusement, cette carte inversée montre que l'un ou l'autre d'entre vous est tombé dans de vieilles habitudes ou dans une sorte de déni.

Vous devez voir la relation pour ce qu'elle est ; ne laissez pas le courant sous-jacent des sentiments de la vie passée vous diriger. Vous vous êtes réunis pour un objectif, mais l'un d'entre vous ne s'est pas vraiment réveillé avec un regard vers l'avenir et un engagement à grandir. Votre relation avec votre Moi supérieur est le fondement de toute relation dans votre vie. Alors, voyez la vérité de cette situation. Votre voix intérieure vous dit que le progrès et même le bonheur avec cette personne vous échappent. Il est peut-être temps de regarder au-delà de cette relation. Il y a beaucoup d'autres partenaires nouveaux et passés qui peuvent trouver une place sur votre carte de danse karmique.

Note spéciale

Que la carte soit droite ou inversée, notez la carte la plus proche (le cas échéant) vers laquelle pointe la flèche de la tour de l'horloge. Cette carte peut fournir plus d'information au sujet de cette nouvelle personne et de la façon dont cette réunion karmique aura lieu.

Force akashique

Prenez une grande respiration et remplissez-vous de l'attente de quelqu'un de spécial à venir. Sentez l'excitation de cette approche importante ; c'est quelqu'un à connaître et à retenir auprès de vous, car il va vous aider ! Cette personne est presque là !

8

L'ARCHANGE RAPHAËL

Droite

L'Archange Raphaël s'approche de vous pour partager sa guérison et sa lumière. C'est un esprit profondément aimant qui joue un rôle important pour vous apporter le pouvoir akashique. Cet être magnifique porte les énergies de l'amour, de la famille, des miracles, de la guérison et des heureux voyages. Il peut partager ces bienfaits et en faire l'expérience avec vous — et plus encore.

Raphaël se présente le plus souvent sous une forme humaine. Cette carte peut indiquer que des êtres qui peuvent vous être utiles sont peut-être déjà présents. Elle est aussi le présage d'une période de grande réussite dans votre vie personnelle, et c'est Raphaël qui ouvre la porte. Les bénédictions abondent avec cette carte si elle est tirée droite. Il peut s'agir de la renaissance d'un rêve perdu, d'une réunion de membres de la famille ou d'une guérison — peut-être d'un problème physique ou d'un cœur brisé. Même si ces problèmes durent depuis un certain temps, c'est maintenant le moment où vous pouvez vraiment réussir à vous en remettre. Laissez Raphaël être votre partenaire dans ce processus, et vous verrez bientôt pourquoi on l'appelle le faiseur de miracles !

Inversée

Une carte inversée peut signifier une condition émotionnelle ou physique ou alors une séparation dans la famille qui doit être résolue. Quelque chose vous gêne, et vous ne vous rendez peut-être pas compte que vous n'utilisez pas toutes vos ressources. Raphaël peut vous aider à résoudre ce problème, même si vous n'aviez jamais pensé demander de l'aide céleste par le passé.

Considérez toutes vos options pour guérir la difficulté et les émotions à portée de main. Pratiquez la méditation pour arriver à une perspective plus élevée. Travaillez consciemment avec vos pensées et vos mots pour vous aider à vous soulager des sentiments pénibles. Et si une thérapie peut vous être utile, allez chercher cette aide. Que vous souffriez à cause d'un amour perdu ou de souvenirs d'enfance douloureux, il est temps de cesser de vivre dans l'obscurité. Raphaël désire apporter sa lumière et son amour dans votre vie. Ouvrez votre cœur, demandez de l'aide et laissez-le entrer. Vous constaterez peut-être alors qu'un miracle vous attendait !

Force akashique

Ouvrez-vous à la présence et au contact de l'Archange Raphaël, qui se tient maintenant à vos côtés. Fermez les yeux, respirez profondément et sentez que votre être entier se remplit de l'énergie guérisseuse de l'amour illimité. Chaque cellule, chaque pensée, chaque instant brille du pouvoir rayonnant et l'amour de Raphaël.

9

L'ARCHANGE MICHAËL

Droite

L'Archange Michaël est un canal du Pouvoir divin. On le voit ici partager son énergie avec deux jeunes enfants, leur apportant force et soutien. Il est sur le point de soulever le garçon, et il peut vous aider, vous aussi, à porter votre énergie.

Lorsque vous recevez cette carte, sachez que votre énergie reflète l'extraordinaire force de Michaël. Il peut s'agir d'un cycle de pouvoir croissant pour vous, où vous sentez votre courage grandir et où vous savez quelle action entreprendre. Faites confiance à vos convictions, à votre pouvoir et à votre ingéniosité.

La carte droite de Michaël annonce une période caractérisée par plus de courage, de force, d'initiative et d'action, alors ne tardez pas à agir. Il vous accompagne, alors puisez dans votre moteur intérieur et agissez selon ce qui s'impose à vous. Avec Michaël et votre pouvoir personnel, vous pouvez déplacer des montagnes et vous hisser vers de nouveaux sommets !

Inversée

Lorsque Michael se présente dans votre lecture en position inversée, c'est un signe que vous devez vous reconnecter à votre source d'énergie véritable. Michaël est un canal de Force divine, et cette carte inversée indique une impression de plus en plus forte de perte et de faiblesse sur le plan spirituel, le plan mental, etc.

Un ou plusieurs domaines de votre vie seront peut-être affectés, et il se peut que vous vous retrouviez dans des situations où vous ignorez quoi faire ou comment prendre l'initiative de le faire. Si c'est le cas, il est temps d'envisager toutes les façons de retrouver votre puissance personnelle. Laissez tomber vos anciennes perceptions limitantes et remplacez-les par de nouvelles pensées et de nouveaux termes qui vous rappellent la force qui vous vient de Dieu. Agissez en votre propre nom. Lorsque vous faites les choses que vous aimez, vous accédez au pouvoir de vous rendre heureux. Votre âme aspire à ce que vous passiez de la timidité au sentiment d'être légitime. Rappelez-vous que Michaël peut partager son courage avec vous et faire en sorte que vous y arriviez.

Force akashique

Fermez les yeux et sentez l'Archange Michaël approcher. Commencez à rassembler votre courage et la force qui grandit en vous, à vous sentir prêt à agir avec confiance et paix. Ressentez la puissance qui remplit maintenant chaque partie de vous.

10

LA LUMIÈRE DU MONDE

Droite

Un vieux sage tient une lanterne rougeoyante et frappe à une porte sans verrou. Un jeune homme à l'intérieur est trop distrait pour répondre. Votre être divin essaie d'obtenir votre attention. Tout ce qu'il faut, c'est un moment de conscience afin d'ouvrir la porte.

Bien que votre vie soit peut-être occupée, l'occasion d'aller vers un niveau de conscience plus élevé se présente à vous. C'est un bon moment pour s'ouvrir à votre Moi supérieur et à toute sa sagesse et à tous ses pouvoirs. C'est votre âme, votre être éternel qui approche. Mais c'est vous — et vous seul — qui ouvrirez la porte. Vous le faites en agissant vraiment et régulièrement pour connaître (et ressentir) l'être sage et rayonnant que vous êtes pour toujours. Grâce à la méditation et l'étude, vous pouvez posséder cet immense amour, ce pouvoir et cette vision. Vous pouvez rendre chaque jour sacré en entrant à l'intérieur de vous-même. En le faisant, vous connaîtrez un pouvoir plus éclatant à chaque pas et avec chaque mot. Vous serez en mesure d'apporter cette force magnifique à votre univers, ce qui transformera votre vie à jamais.

Inversée

Cette inversion indique qu'un élément perturbateur dans votre vie vous a sans doute déséquilibré. Ou peut-être que vous êtes devenu très occupé et que votre Moi s'est concentré sur les détails de la vie au lieu des priorités intérieures de la vérité spirituelle. Vous avez oublié votre Moi supérieur et vous n'y êtes retourné qu'occasionnellement, souvent pour un besoin personnel. Comprenez que tant que vous ignorez la partie la plus élevée de la personne que vous êtes, vous vous détournez de la plus grande source de votre pouvoir et de votre joie.

La lumière de la sagesse éternelle frappe à votre porte. Ouvrez-la.

Et continuez de l'ouvrir jusqu'à ce que vous l'ayez complètement en vous.

Force akashique

Avec une profonde respiration, vous vous remplissez de la grâce, de la paix et de la lumière de votre Moi supérieur. Votre vision s'ouvre à un plus vaste univers. Et vous prenez conscience du fait que vous avez tout le temps et tout le pouvoir au monde. L'éternité vous remplit.

11

L'ARCHE D'ALLIANCE

Droite

Les étoiles brillent dans une nuit sereine du désert. Les feux brûlent devant des tentes blanches. À l'intérieur de l'une des tentes repose l'Arche d'alliance. Deux hommes sont assis près d'un feu crépitant à proximité.

Au niveau le plus courant, cette carte peut représenter un contrat légal avantageux ou un transfert de propriété. Elle peut également indiquer que vous réussissez à très bien travailler avec des professionnels comme les courtiers et les avocats. Le plus souvent, elle indique que votre vie est fidèle à votre contrat karmique, puisque vous faites face à vos leçons de progrès, travaillez pour en découvrir davantage et apportez votre contribution unique au monde.

Votre karma ne vous domine pas ; c'est vous qui le dirigez. Lorsque le travail devient trop important, vous ne rompez pas votre engagement en prenant une période de repos ; au contraire, vous le renforcez. Vous comprenez les rythmes de temps et d'énergie, et vous travaillez avec eux.

Certaines de vos directives karmiques en ce moment peuvent impliquer d'autres personnes. Si c'est le cas, assurez-vous qu'il n'y a pas d'urgence, de besoin ou d'agenda personnel. Ne vous laissez pas entraîner dans un drame émotionnel. Sachez que ce qui réclame votre attention maintenant implique une influence profonde qui peut affecter votre présent autant que vos vies futures. Continuez donc de travailler dans le sens le plus élevé de votre objectif : maintenir votre alliance sacrée de toucher le monde avec votre lumière.

Inversée

S'il y a des transactions légales en cause, cette carte inversée pourrait indiquer la résiliation d'un contrat ou l'échec d'un transfert légal. Soyez prudent avec les professionnels qui s'occupent de vos investissements et d'autres choses que vous appréciez en ce moment. Bien qu'ils ne cherchent pas à vous faire du mal, ils pourraient être négligents.

Bien que les problèmes légaux puissent paraître importants, il y a une indication encore plus importante pour vous sur le plan karmique. Avec la carte inversée, l'Arche d'alliance est renversée, et vous avez résilié votre contrat avec votre Moi supérieur. Peut-être que vous avez évité votre travail karmique et mis de côté vos objectifs supérieurs parce que vous êtes trop occupé ou parce que c'est trop difficile. Ou vous avez peut-être sciemment choisi de vous laisser diriger par vos peurs et vos besoins émotionnels au lieu de ce qui vous convient mieux. Dans tous les cas, il est temps de vous réveiller et de renouveler votre alliance — pas seulement en paroles, mais en actes. Rien ne fonctionnera dans votre vie tant que vous n'agirez pas.

Force akashique

Fermez les yeux et imaginez que l'Arche d'alliance s'ouvre devant vous. À l'intérieur, vous voyez le contrat qui contient votre objectif le plus élevé. De quel objectif s'agit-il ? Ayez l'intuition d'un mot et d'une action possible aujourd'hui pour aller dans sa direction.

12

LE SCRIBE

Droite

Le Scribe érudit écrit à un bureau surélevé ; à proximité, d'autres scribes sont au travail. Dans certaines sociétés anciennes, leur fonction était simplement de recopier les textes sacrés. Mais le plus souvent, ils étaient les hommes les plus érudits de leur époque — des gens qui connaissaient bien la loi, les Écritures, la philosophie, l'histoire et plus encore.

Cette carte indique pour vous une hausse importante de l'activité de l'esprit et de l'étude. S'il y a un sujet avec lequel vous aimeriez vous familiariser (ou vous refamiliariser), faites-le. Ce n'est pas seulement à des fins d'études — bien que ce soit toujours une bonne chose. Cette période d'esprit supérieur et d'apprentissage supérieur n'est rien de moins qu'une occasion de changer votre vie (ou même de changer le monde) ! Tout comme les frères Wright ont commencé par étudier les trajectoires de vol des oiseaux, vous pouvez maintenant prendre votre envol sur les ailes de la découverte.

Il y a peut-être un maître — ou même une école entière — capable de vous aider avec cette élévation. Assurez-vous d'aller chercher la bonne personne ou le bon endroit pour apprendre. Vous pourriez aussi devenir écrivain ou enseignant à ce stade de votre vie, enrichir les autres et leur apporter une contribution.

Si vous êtes impliqué dans des affaires légales, il existe une personne capable de vous y aider. Laissez votre excellente intuition vous guider vers lui. Il pourrait aussi s'agir d'un moment où vous pourriez vous retrouver à rédiger des propositions, des demandes de subvention, des essais, des blogues, des articles ou des livres. Notez ce qui vous attire et assurez-vous de répondre à l'appel.

Inversée

Vous êtes peut-être en train d'ignorer des possibilités d'apprentissage supérieur ou de découverte avancée — des études qui peuvent vous mener bien au-delà de ce que vous êtes aujourd'hui. Ou vous pouvez avoir été invité à diriger un groupe ou à partager vos talents d'une manière ou d'une autre, et vous n'y avez pas répondu. D'une manière personnelle, vous fermez peut-être votre esprit à une pensée nouvelle et plus élaborée, ce qui vous empêche de traiter cette question avec succès.

Cessez de vous limiter. Vous pouvez vous attendre à plus — beaucoup plus — si vous assumez la responsabilité d'un intellect supérieur à chaque instant. Ouvrez votre esprit et laissez-le ouvert. Sachez qu'il s'agit de beaucoup plus que d'une simple pensée positive ; c'est le pouvoir de la pensée !

Pendant ce temps, les projets d'écriture que vous souhaitez poursuivre peuvent sembler compromis. Autorisez-vous à prendre du recul et prenez votre temps. Il arrivera d'autres occasions pour de telles contributions.

Si vous êtes impliqué dans des problèmes légaux, assurez-vous de trouver la bonne personne pour vous aider, car vous rencontrerez peut-être des avocats ou des professionnels qui se présenteront sous de fausses raisons. Enquêtez à fond et utilisez votre intuition pour ne pas être trompé. Si vous êtes diligent, il vous est possible de trouver le bon conseil.

Force akashique

Pensez à un sujet d'intérêt que vous aimeriez poursuivre. Respirez profondément et ressentez votre désir de faire cette découverte ou de la développer davantage. Aujourd'hui, trouvez un livre qui vous aidera à ouvrir cette porte demain.

13

LE BOUDDHA SE PRÉPARE

Droite

Le Bouddha est assis, en méditation. Les collines en arrière-plan sont parsemées d'autres personnes qui méditent et attendent patiemment qu'il parle, mais il ne bougera pas avant d'être prêt.

Cette carte indique une période de préparation intérieure avant l'action. Avant de pouvoir atteindre quelque chose à l'extérieur, vous devez entrer en vous-même pour trouver votre pouvoir, votre but et votre direction. Cette période de temps peut vous sembler être une attente, et c'est précisément ce qui se passe dans votre vie extérieure parce que certaines actions semblent arrêtées. Mais en réalité, vous prenez juste le temps nécessaire pour vous préparer et pour vraiment prendre la pleine possession de votre pouvoir.

Ne soyez pas pressé. Le moment d'agir arrive, et lorsqu'il sera là, vous disposerez d'une force absolue.

Inversée

Le Bouddha laisse l'état de préparation derrière lui ; il se déplace facilement et joyeusement dans la foule. Cette inversion indique qu'une période d'attente et de planification a pris fin. Il est maintenant temps d'agir.

Si vous vous sentez hésitant et lent à agir, ne vous retenez pas. En effet, à cause de votre travail intérieur et de votre préparation, vous pouvez vous retrouver capable d'influencer les autres sans savoir comment se passent les choses. Alors, déplacez-vous avec certitude et courage ; il n'est plus temps d'attendre. Le monde est prêt, et vous aussi !

Force akashique

Fermez les yeux et atteignez le Bouddha intérieur. Ressentez la paix et la compréhension facile du fait qu'il y a un temps pour chaque chose sous le ciel. Sentez le sentiment lié à votre but remuer doucement en vous. Bientôt, vous serez prêt à servir !

14

INITIATION ET LE COMTE DE SAINT-GERMAIN

Droite

Debout parmi les piliers d'un superbe temple, le comte ascensionné de Saint-Germain envoie sa lumière et son énergie aux quatre personnes qui portent une robe et qui se tiennent devant lui. C'est le moment de leur initiation.

Cette carte représente votre initiation. C'est beaucoup plus qu'un changement, plus qu'une transformation ; ce n'est rien de moins que votre mouvement vers des révélations plus élevées de pouvoir, de perspicacité et d'accomplissement. Et c'est maintenant le moment d'agir.

Il peut être nécessaire de se détacher de relations, de tâches ou d'activités à moindre vibration pour vous élever vers les nouveaux sommets et le pouvoir qui vous attendent.

Votre initiation peut être facilitée par la méditation et l'étude, de même que par la connexion aux maîtres ascensionnés avec lesquels vous avez travaillé pendant des siècles et des siècles. Sachez que vous avez partagé des objectifs et des activités avec les maîtres, même si vous n'êtes pas certain de savoir ce qu'ils sont. Les disciplines que vous créez maintenant pendant votre initiation et le travail que vous accomplissez avec les maîtres élèveront votre apport au monde et à toute l'humanité. C'est une période extrêmement exaltante, d'abord pour votre énergie et votre évolution, puis pour votre réalité extérieure. Le pouvoir que vous détenez aura un impact sur chaque partie de votre vie.

Inversée

TVous avez profité de votre moment d'initiation, mais vous tenez à vos anciennes habitudes et vous résistez aux merveilleux changements qui se présentent. Les choses anciennes et les vieilles relations qui affaiblissent votre énergie ne constituent pas votre filet de sécurité, mais plutôt le contraire ; à cause d'elles, vous demeurez embourbé dans vos problèmes. Même si les gens et les choses qui vous empêchent d'avancer ont disparu, il se peut que vous restiez bloqué sur leur perte ou que vous craigniez tout simplement de passer à autre chose.

Mais il faut confronter tout ce qui vous empêche de poursuivre votre évolution supérieure. Ne freinez pas votre évolution vers une plus grande utilisation de la force et de l'esprit. Elle peut vous amener à changer votre vie et la face même du monde !

Force akashique

Fermez les yeux et voyez-vous sur le chemin de votre initiation avec le comte de Saint-Germain à vos côtés. Sentez votre énergie et votre réceptivité augmenter à mesure que votre vibration s'accélère. Vous prenez conscience du fait qu'il n'y a pas de limites ou d'obstacles. Quelle est votre prochaine étape ?

15

LA MUSE

Droite

La Muse joue une chanson inspirante et créative. Les pétales de son imagination glissent dans le vent, remplissant l'air de lumière et de créativité.

Cette carte indique une période marquée par un accroissement des ressources et de l'inventivité. Tout projet créatif — nouveau ou ancien — peut maintenant recevoir une énergie exceptionnelle, à la fois de votre part et de celle de l'univers. Faites appel aux muses de l'esprit ; elles se joindront à vous et au Créateur pour porter votre projet aux nues !

Inversée

Si vous avez tenté de donner naissance à un projet créatif, les douleurs de l'accouchement ne sont probablement pas terminées. Peu importe le type d'entreprise, que ce soit une nouvelle société ou un poème, vous souffrez peut-être de la proverbiale « angoisse de la page blanche », et votre ingéniosité est peut-être au plus bas. Même si l'inspiration déclenche votre action créative, certains obstacles extérieurs retardent peut-être votre projet.

Ne soyez pas trop effrayé malgré tout. Ce n'est qu'une phase transitoire, et vous serez capable de bien la gérer si vous n'offrez pas de résistance à l'énergie disponible. Pour le moment, mettez-vous dans un état plus réceptif et rassemblez vos ressources. Il sera bientôt temps de vous en servir.

Force akashique

Fermez les yeux et prenez contact avec la force de l'inspiration et du pur potentiel. Un tourbillon de musique, de beauté, de mouvement et d'imagination s'écoule à travers vous et autour de vous. Vous pouvez donner naissance à n'importe quelle possibilité. Ressentez maintenant ce pouvoir de création.

16

PRIS DANS LES RUINES

Droite

Dans les ruines d'un château médiéval, il y a une vieille prison. Les barreaux sont toujours intacts, mais il n'y a pas de toit au-dessus de la pièce, et les vignes poussent sur les pierres. Un homme et une femme sont à l'intérieur, assis sur de vieux tabourets. Une belle forêt verte s'élève à la gauche tandis que les ruines du château s'étendent vers la droite.

Cette carte indique une situation sombre ou difficile qui semble vous avoir pris au piège. Il pourrait s'agir d'une relation affligeante et vide, d'un emploi malheureux ou abrutissant, d'une dépendance comportementale ou physique, ou même d'un système de croyances négatif et destructeur. Cette situation vous a tenu captif pendant un certain temps et peut même avoir commencé dans une vie antérieure. Mais il y a une issue, comme il y en a toujours eu. Il vous suffit de faire des efforts et d'agir avec détermination.

Même si ces situations et actions limitatives sont puissantes, elles sont auto-imposées. Le courage et la force nécessaires pour changer se trouvent en vous. Vous devez modifier chaque croyance erronée et chaque choix destructeur au moment où ils se présentent. Si vous ne faites rien, vous resterez attaché à cette situation néfaste. Comme ce château en ruines, les choix négatifs pourraient durer longtemps. Ne laissez pas les ruines de votre passé ruiner votre avenir. Vous avez le pouvoir d'en sortir maintenant.

Inversée

Une situation horrible, néfaste ou aliénante tire à sa fin. Vous avez découvert votre capacité à vous libérer des limites que vous vous êtes imposées. Vous vous êtes échappé, et vous avez commencé à oublier la prison des vieilles histoires et des anciennes croyances. Il est temps de passer à un nouveau modèle de croissance et de récolter ce que créent vos nouveaux efforts et votre nouveau pouvoir.

Assurez-vous de garder le cap. Ces vieilles histoires ont tendance à vous faire décrocher. Si vous commencez à glisser, rattrapez-vous. Recréez les nouvelles pensées et actions de la personne renouvelée que vous êtes. Vous avez pris possession de votre pouvoir, et il vous appartient pour toujours !

Force akashique

Pensez à la seule chose dans votre vie qui vous retient et qui sabote votre réussite et votre joie. Cela peut ressembler à une prison sombre, mais vous en avez déjà la clé. Remplissez-vous d'amour et de respect de soi et voyez-vous entreprendre la prochaine étape vers votre liberté.

17

LE GUETTEUR

Droite

Un homme regarde à travers des jumelles depuis le nid de pie d'un grand navire mâté. Un combat a lieu sur le pont au-dessous de lui.

La carte vous suggère de rester à l'affût. Il y a une situation difficile — peut-être même une sorte de combat — autour de vous. Vous pourriez subir une chute ou une perte soudaine de votre position, mais si vous êtes vigilant, il vous est possible de concevoir un plan de sauvegarde qui vous aidera à traverser plus facilement cette période difficile. Cette phase peut être temporaire, mais il est important de conserver votre équilibre. Votre force vous portera vers les meilleurs temps à venir.

Inversée

En position inversée, il semble que le Guetteur est tombé et a perdu sa position, mais il est maintenant libéré du feu de l'action.

YIl se peut que vous vous trouviez dans les affres d'une perte soudaine et difficile — peut-être un travail, une relation ou une occasion créative importante. Aussi douloureux et stimulant que cela puisse paraître, c'est vraiment un cadeau déguisé. Cette perte vous fait sortir d'un conflit et vous donne la liberté nécessaire pour une occasion encore plus avantageuse. Vous n'avez plus besoin d'être sur la défensive. Vous êtes en route vers une vie plus grande que nature !

Note spéciale

Que vous receviez cette carte en position droite ou inversée, il y a une carte à proximité qui peut vous aider à mieux comprendre les difficultés, mais également les démarches qui vous seront utiles pour vous en débarrasser ou pour les résoudre. Remarquez la carte à proximité de celle-ci, que l'homme observe à l'aide de ses jumelles. Que vous révèlent les détails de cette carte au sujet de votre rôle de guetteur dans cette situation ?

Force akashique

Fermez les yeux et respirez profondément. Devenez le Guetteur et scrutez ce qui se passe dans votre vie. Notez tout ce que vous voulez corriger, puis prenez un moment pour réfléchir à la façon de le faire. Après quelques instants, lâchez prise. Maintenant, tournez vos jumelles pour regarder dans votre avenir. Que voyez-vous à l'horizon ?

18

DANS LES AIRS

Droite

Un homme et une femme observent avec intérêt une montgolfière dans un ciel très bleu. Le ballon survole les collines, et le contenu du panier du ballon est dissimulé.

Pendant cette période de votre vie, certains aspects d'une situation importante vous semblent cachés. Vous ressentez peut-être un désir fort — presque urgent — de savoir comment tout cela va se passer. Vous pouvez vous connecter à vos guides spirituels et aux Annales akashiques et chercher à comprendre, mais certains éléments sont inconnus et, pour l'instant, inconnaissables. Il y a trop de choses à propos de cette situation qui sont encore en suspens. Cela peut être dû à l'influence d'autres personnes qui ont pris certaines décisions. Or, certains événements n'ont peut-être pas encore eu lieu, ou alors des découvertes inattendues doivent encore être effectuées.

Il vous reste maintenant la confiance. Si vous poussez trop fort pour savoir ou pour influer sur le résultat, vous pourriez vous en éloigner. Abandonnez l'idée d'urgence et confiez la situation à votre Moi infini supérieur, qui prendra soin de tout cela. Il faut du temps pour en savoir plus sur ce sujet. Et le temps n'est pas important pour votre Moi éternel, dont la puissance et l'amour vous accompagnent. Pour l'instant — et d'ailleurs pour toujours —, de quoi d'autre avez-vous besoin ? En fait, il ne vous faut rien d'autre que de la confiance et la certitude bien ancrée que tout ce que vous cherchez vous sera révélé au bon moment.

Inversée

Une situation qui était dans l'air est arrivée sur terre. Il reste peut-être encore des éléments inconnus, mais vous pouvez désormais voir, intuitivement et réellement, d'une façon plus claire. Plus que cela, vous pouvez enfin entrer en jeu et avoir plus d'influence sur la situation, d'une manière ou d'une autre. Bientôt, vous pourrez vous impliquer autant que possible. La confiance que vous déjà avez placée dans la situation a porté beaucoup de fruits. Maintenant, vous pouvez mieux comprendre la situation et agir de façon plus réfléchie.

Force akashique

Prenez une profonde respiration et remplissez-vous du pouvoir de la confiance. Un résultat que vous cherchez se profile au loin dans le ciel. Et même si vous ne connaissez pas le moment où tout cela se réalisera, vous êtes tout à fait en paix. Vous savez que c'est en route.

19

LE REFLET

Droite

Une pleine lune brille au-dessus d'un lac tranquille tandis qu'un petit bateau glisse doucement dans l'eau. La lueur de la lanterne du navire se reflète sur la surface du lac, éclairé par la lune.

Cette carte indique parfois un voyage, particulièrement sur ou à travers l'eau. Plus important encore, elle peut révéler que vous avez maintenant un accès direct à vos dons psychiques. Vous êtes aussi plus conscient de vos émotions et plus réfléchi. Vous reconnaissez les différences entre votre voix intuitive, qui est calme et assurée, et vos compulsions émotionnelles inférieures, qui sont insistantes et parfois basées sur la peur. Vous allez maintenant gagner encore plus de clarté et de contrôle sur vos émotions.

Ce serait aussi un bon moment pour suivre des cours de méditation, de développement psychique, d'aide psychologique, de guérison et d'autres arts psychologiques et spirituels, si jamais vous éprouvez un tel intérêt. Votre côté yin est grand ouvert, et votre réceptivité est élevée. Faites confiance à votre voix intérieure, et vous serez guidé vers l'excellence.

Inversée

Inversée, cette carte peut indiquer un voyage annulé ou modifié, mais elle va beaucoup plus loin. L'eau, symbole de votre énergie émotionnelle, est maintenant au sommet. Elle vous entoure, bloquant votre expérience de réflexion et perturbant le voyage de votre vie. Il est probable que vous ayez vécu un combat intérieur entre vos besoins émotionnels et votre voix intuitive — et ce sont souvent les émotions qui gagnent. L'énergie astrale qui nourrit votre sensibilité psychique risque de se perdre lorsque les émotions inférieures prennent le dessus.

Il est temps de regarder à l'intérieur et de comprendre les tempêtes émotionnelles qui vous influencent. Proviennent-elles du manque ou de la peur ? Découvrez ce qui motive vos hauts et vos bas émotionnels. Méditez pour vous reconnecter à votre source. Lorsque vous calmerez les vagues émotionnelles, vous serez de nouveau illuminé d'en haut.

Force akashique

Fermez les yeux et sentez-vous rempli d'une paix émotionnelle aussi calme qu'un lac tranquille. Vous êtes maintenant dans un état de réflexion intuitive. Ouvrez-vous à une parole ou une image de l'Esprit, et faites confiance à la première chose que vous obtenez. Autorisez-vous à l'accueillir.

20

VOLONTÉ, SAGESSE, ET ESPRIT

Droite

Une couronne d'or incarnant le pouvoir et d'autorité repose au-dessus d'un nœud celtique de la trinité. De chaque côté du nœud celtique se trouvent les symboles alchimiques du feu et de l'eau. En dessous, il y a l'ancien symbole à trois pattes des armoiries de l'île de Man.

Cette carte apporte un temps intense de puissance, d'équilibre et d'expression. Les trois premiers rayons — ou les énergies du Divin — se meuvent en vous de la même manière : pouvoir et volonté, amour et sagesse, intellect ou esprit. Vous travaillez intimement (même si vous n'en avez pas conscience) avec les maîtres ascensionnés qui sont liés à ces énergies.

Avec la participation des maîtres, vous pouvez vous concentrer sur un pouvoir plus élevé et un objectif plus important en combinant le feu de la créativité avec l'eau de la réceptivité pour apporter votre contribution au monde.

Avec cette haute couronne d'or, vous avez tendance en ce moment à vous retrouver dans une position importante d'autorité et d'influence. Ce moment est susceptible d'être une phase de grande activité, mais vous pouvez le gérer. Grâce à ces pouvoirs en jeu, vous avez la capacité de vous discipliner pour rassembler la méditation, la créativité, le repos et l'action nécessaires. Profitez de cette période et utilisez bien ces pouvoirs. Ils ne sont rien de moins que les Forces divines qui passent en vous afin que vous puissiez manifester leur puissance dans le monde.

Inversée

En ce moment, votre autorité est peut-être diminuée, et il pourrait même y avoir une perte sur le plan de votre position sociale. Il se peut que vous ayez l'impression que vos talents, vos énergies et même vos guides supérieurs sont absents d'une manière ou d'une autre. Le feu ne brûle pas vers le bas et l'eau ne coule pas. Vous avez fait tourner vos roues, vous avez beaucoup réfléchi et vous avez fait bien des fois le tour des mêmes problèmes sans que cela éclaire ce qui va suivre. Bien qu'il puisse encore s'agir d'une période de grande activité, une grande partie de cette action peut sembler futile et répétitive.

Néanmoins, la bannière aux armoiries de l'île de Man vole haut pour vous rappeler que vous resterez debout, même en ces temps difficiles, quelle que soit votre façon d'atterrir. Alors, prenez du recul et n'essayez pas de combattre les forces présentes. Cessez de réfléchir et tâchez de vous reconnecter à vos guides supérieurs. Votre influence extérieure est peut-être maintenant diminuée parce que votre couronne a été renversée. Mais votre force et votre autorité sont maintenant devenues la base sur laquelle vous pouvez construire à nouveau. Vous pouvez ramener l'équilibre mental, émotionnel et physique dans votre vie en travaillant avec les magnifiques et puissantes énergies décrites dans cette carte. Plus vous devenez conscient de ces forces en vous, plus le bon flux d'énergie reviendra rapidement.

Force akashique

Le pouvoir, le cœur et l'esprit de Dieu demeurent en vous. Fermez les yeux et ressentez ces Forces divines. Votre énergie grandit ; votre cœur déborde d'amour ; et votre esprit est aussi illimité que le ciel. Sentez que vous vous développez à l'infini.

URIEL ET LE SPHINX

Droite

L'Archange Uriel se tient devant le Sphinx sous la pleine lune. Le Sphinx se présente généralement avec le corps d'un lion, indiquant la force, et la tête d'un roi, signifiant l'autorité et l'intelligence. Mais plus que cela, le Sphinx représente l'énigme impénétrable : il est le détenteur silencieux de la vérité et des anciens mystères du monde. Ici, l'Archange Uriel se connecte et s'entretient avec cette grande source de mystère.

Il indique à quel point il est temps de faire le travail le plus important (et sans doute le plus difficile) de votre vie : creuser votre vérité intérieure et découvrir votre Moi profond et votre puissance supérieure. Même le Sphinx a dû être sorti plusieurs fois des sables du désert qui l'ont enterré jusqu'à son cou. Vous devez aussi creuser avec diligence. Il vous faudra peut-être tailler la substance, dure comme la pierre, de vos vieilles croyances et histoires pour obtenir la vérité. Mais ne vous inquiétez pas. Vous avez déjà commencé, et vous avez accompli de considérables percées.

Il y a aussi quelqu'un pour vous aider : Uriel, dont le nom signifie « Feu de Dieu ». Vous pouvez travailler directement dans vos méditations avec cet archange pour la compréhension de soi, la transformation et la direction. Aussi, soyez à l'affût d'une personne qu'Uriel a envoyée dans votre vie quotidienne. Il pourrait s'agir d'un enseignant, d'un mentor ou même d'un nouvel ami qui partage la même quête intérieure que vous. C'est une relation de grande valeur qui vient à un moment de profonds pouvoirs. Ne minimisez pas l'importance de cette phase. C'est ce travail qui vous conduit à votre initiation et à votre puissance supérieure.

Inversée

Les sables du désert vous ont recouvert une fois de plus. Non seulement vous avez mis de côté le profond travail intérieur qui met en lumière votre découverte de soi, mais vous avez aussi laissé les choses banales de la vie vous effrayer et vous éloigner de votre pouvoir spirituel. Avec cette carte inversée, vous pouvez avoir une forte tendance à glisser dans les anciens modèles émotionnels, mentaux et comportementaux.

Mais demeurez conscient et prudent. Le sable est mouvant. Vous devez vous engager de nouveau et faire maintenant de plus grands efforts.

Heureusement, il y a encore quelqu'un — à la fois dans l'Esprit et dans le monde physique — qui peut vous aider. Trouvez l'âme sœur qui partage votre quête et ouvrez-vous à l'Archange Uriel. Faites de ces relations et de votre travail intérieur une priorité renouvelée. Vous avez toujours été — et serez toujours — le travail le plus important de votre vie. Creusez !

Force akashique

Sentez l'Archange Uriel s'approcher et envoyer son énergie en vous. Respirez profondément et sentez le désir de vous sculpter une nouvelle vie. Laissez cette force et ce projet grandir en vous. Avec eux, vous pouvez chasser ce qui est usé et créer cette nouvelle vie à chaque instant.

22

ADSUM

Droite

Une bougie jette de la lumière sur un livre ouvert tenu par une jeune femme assise à un bureau. Ses yeux sont attirés vers le côté, comme si elle était distraite de sa lecture par une pensée inattendue ou par quelqu'un à proximité. Elle est entourée de personnes, et plusieurs d'entre elles sont quelque peu translucides et rayonnantes. Un ange se penche et murmure : « Adsum, j'arrive. Je suis là. Je vous accompagne. »

Adsum est un mot unique qui a beaucoup de significations. Premièrement, il affirme votre propre force et votre concentration dans le présent. Vous pouvez l'utiliser comme un mot de commande chaque fois que vous vous trouvez distrait de ce qui est à portée de main. Dites « Adsum, je suis là » et sentez que vous êtes présent dans la situation ou auprès de la personne devant vous.

Ce terme annonce également que vous avez atteint vos objectifs et que tous vos souhaits se réalisent. Dites « Adsum, j'arrive » et prenez un moment pour vous voir atteindre totalement vos objectifs. Chaque fois que vous obtenez cette carte, sachez que vous êtes en route vers les résultats que vous recherchez avec l'aide des autres et de l'assistance glorieuse de l'Esprit.

Cette carte vous rassure aussi, car peu importe ce qui se passe dans votre vie, l'Esprit est toujours là pour vous. Il vous tend la main et partage sa lumière et son énergie pour toujours. Du plus petit au plus grand, de votre grand-mère au Divin, une communauté éternelle vous protège. Dites « Adsum » et prenez le temps d'être aussi présent auprès de cette communauté. Vous pouvez agir pour respecter votre promesse à Dieu alors que l'Esprit vous soulève sur ses épaules. Vous êtes présent l'un pour l'autre, et ensemble, vous arrivez à réaliser vos rêves.

Inversée

Cette carte montre que vous pouvez avoir l'impression que vous avez perdu de vue votre objectif et le contact avec vos amis, votre Moi supérieur et les esprits qui vous sont présents. Peut-être êtes-vous trop émotif, stressé ou tout simplement occupé. Dites « Adsum » et souvenez-vous que vous êtes ici pour une raison. Il est temps d'accomplir le travail qui vous aide à parvenir à vos rêves. Peu importe pourquoi vous vous sentez déconnecté ; c'est là que vous avez le plus besoin de vos aides de vie et guides spirituels. Ils ne vous ont pas abandonné, alors ne vous abandonnez pas. Ouvrez la porte et renouvelez votre engagement. Rencontrez-les dans votre vie et dans vos méditations. Lorsque vous le ferez, vous trouverez l'aide, l'amour et la joie qui sont présents pour vous en ce moment. Pendant cette phase, il est important de prendre des mesures chaque jour pour atteindre votre objectif. Même les petits progrès vous mèneront à votre destination.

Force akashique

Fermez les yeux et percevez tous vos guides spirituels. Prenez une profonde respiration et ressentez les mots « Adsum, j'arrive » à l'intérieur de vous. Le Divin se tient à côté de vous lorsque vous parvenez à votre plus grand rêve. Voyez-le maintenant.

LES
ARCANES MINEURS

1 de Parchemins

SUR LA PISTE

Droite

Dans une gare, un homme regarde par-dessus son épaule les signalisations des autres voies. Mais il a déjà vu ses cartes et pris sa décision. Il monte actuellement dans le train.

Bien que cette carte puisse indiquer un voyage ou un déménagement, la signification concerne vos choix et vos directions. Vous avez peut-être été ambivalent à l'idée d'emprunter un certain chemin dans votre vie en ce qui concerne un projet, une relation, votre carrière ou même un lieu. Mais il est maintenant temps de prendre une décision. Même si vous n'êtes pas tout à fait sûr de votre choix, le train va partir. Une décision s'impose à vous, alors montez à bord ; vous n'échouerez pas !

Inversée

Votre ambivalence et l'attente du moment parfait ont peut-être saboté des choses. La carte inversée indique que vous avez du mal à agir pour atteindre un certain objectif à cause de la confusion, de l'indécision ou de l'inertie. C'est à vous de mettre fin à cette phase. Il vous faudra faire preuve de plus de volonté et de concentration, mais vous pourrez renouveler votre objectif. Ne vous inquiétez pas ; le voyage de votre vie n'est pas retardé pour toujours. Avec votre détermination, vous pouvez prendre la décision de vous remettre sur les rails.

Note spéciale

Que cette carte soit droite ou inversée, imaginez-vous que vous reculez à travers l'arche en pierre de la station et dans la carte adjacente. C'est la salle d'attente de votre train, où vous vous préparez pour votre voyage. L'information qu'elle contient peut vous aider à atteindre votre objectif.

Force akashique

Prenez une profonde respiration et dites : « Je suis de retour sur la bonne voie. » Ressentez la clarté de cette déclaration et laissez-vous combler par cette énergie. Si vous vous sentez prêt, pressentez une action simple qui vous réalignera avec votre objectif.

2 de Parchemins

DEUX MONDES

Droite

Entourée d'un rouet et de paniers de laine, une belle femme, préoccupée et fatiguée, contemple les braises dans la cheminée. Elle a travaillé dur à son filage pour les pièces de monnaie rassemblées sur la table. La vaste fenêtre derrière elle donne sur un monastère bouddhiste haut dans les montagnes.

Lorsque vous recevez cette carte, il existe un conflit dans votre vie entre ce que le monde extérieur exige de vous et la façon dont votre esprit vous dirige. Vous avez peut-être vécu un certain nombre de vies antérieures où vous vouliez vous concentrer sur votre croissance spirituelle, et vous êtes donc entré dans un monastère pour y arriver. Souvent, en omettant les merveilles que l'univers séculier pouvait offrir, comme l'amour, la famille et le succès financier, vous avez choisi le monde de la laïcité exclusivement dans votre prochaine incarnation. Pourtant, cette situation ne vous offrait pas l'orientation spirituelle que vous cherchiez aussi. À cause de cela, il est probable que vous avez fait l'aller-retour de la vie monastique à la vie ordinaire dans une multitude d'incarnations et avec plusieurs religions différentes.

Vous vous sentez à nouveau tiraillé entre une expérience spirituelle pleinement réalisée et un succès personnel dans votre vie quotidienne. C'est comme si vous deviez laisser aller l'un pour embrasser l'autre. Cette poussée/traction se poursuivra jusqu'à ce que vous appreniez à emporter votre Moi spirituel dans chaque situation de votre vie personnelle. Il est temps de remplacer l'inquiétude par la confiance et d'intégrer votre vérité éternelle à votre réalité temporelle. Si vous occupez un poste ou vivez une relation qui vous éloigne de votre spiritualité, vous devez y faire face — ou peut-être vous détacher de cette situation. La personne que vous êtes pour toujours est celle que vous êtes maintenant. Ne laissez rien ni personne entraver ce pouvoir. Quand vous le posséderez, la réalisation de soi complète dans les deux mondes ne vous échappera plus.

Inversée

L'inversion de cette carte indique une grande libération. L'argent et le monde personnel sont présents, mais ils n'ont plus besoin de vous diriger. Vous avez maintenant la possibilité d'agir selon vos idéaux et vos convictions les plus élevés. Vous avez peut-être été déchiré entre deux mondes — ou même entre la lumière et l'obscurité —, mais vous avez maintenant découvert un plus grand sens de votre vérité. La montagne rocailleuse de votre réalité spirituelle constitue maintenant l'histoire à partir de laquelle vous dessinez votre pouvoir. Dans le passé, vous avez craint que la poursuite de vos objectifs spirituels compromette votre vie personnelle ou financière. Mais vous avez maintenant déterminé comment agir, même à petits pas, pour intégrer les deux. Votre âme divine est la force motrice de votre vie, et vous pouvez concevoir votre futur et manifester tout ce que vous désirez à travers elle.

Force akashique

Fermez les yeux et dites-vous : « Le Divin se développe dans mon univers quotidien. » Alors, voyez que votre Dieu se tient à vos côtés. Visualisez-vous marchant dans votre vie en cette illustre compagnie, réussissant tout ce qui est sur votre chemin.

3 de Parchemins

AJUSTER VOTRE TRAJECTOIRE

Droite

Le capitaine d'un navire se tient sur le pont avant et surveille l'horizon à l'aide d'un télescope. Deux officiers à proximité se réfèrent à une carte déroulée. Un arc-en-ciel colore le ciel.

C'est le moment idéal pour élargir vos horizons dans votre vie personnelle et professionnelle. Ne vous limitez pas à une seule direction. Vos possibilités sont plus grandes que ce que vous voyez. Lorsque vous élargirez votre champ de vision, vous trouverez votre chemin vers la richesse et des possibilités illimitées.

Cette carte indique peut-être un partenariat potentiel ou une affiliation entre trois personnes qui peuvent être utiles sur votre chemin. Il y aura aussi peut-être un voyage ou un déplacement à l'ordre du jour.

Inversée

Vous ne voyez pas aussi loin que vous le permettent vos réelles possibilités, ou peut-être que vous ne vous donnez pas la liberté d'aller de l'avant. Essayez de rompre l'habitude de vous freiner. La carte peut aussi indiquer une mauvaise communication dans un projet ou une amitié, ou alors indiquer la présence d'une personne qui vous trompe ou qui ne collabore pas avec vous. Un partenariat devra peut-être être réduit, et une affiliation pourrait être entièrement rompue. Les plans pour un voyage ou un déménagement peuvent aussi être modifiés ou annulés.

Note spéciale

Le télescope du capitaine indique la direction d'une carte voisine qui donnera plus d'informations. Qu'elle soit droite ou inversée, la carte vers laquelle pointe le télescope révèle les influences ou les obstacles qui vous entourent lorsque vous tracez votre route. Elle peut aussi donner une idée des événements, des personnes dans vos partenariats et même des plans de voyage ou de déplacement. Alors, utilisez le télescope pour avoir un meilleur aperçu de la situation.

Force akashique

Imaginez que vous êtes un bateau sur la mer. Le vent a gonflé vos voiles, et vous avez facilement fendu l'eau. Ressentez l'euphorie de la liberté illimitée et l'assurance vous permettant d'aller où vous mènera votre volonté. Où irez-vous ?

4 de Parchemins

LA TRANCHÉE KARMIQUE

Droite

Dans un champ destiné à la plantation, un homme, sali par l'effort au travail, se tient à genoux dans une longue tranchée. Les semences attendent d'être plantées, mais il continue de creuser de plus en plus profondément. Il y a d'autres rangées labourées et prêtes pour la plantation, mais elles sont ignorées.

Cette carte révèle une période difficile dans votre vie, des pensées, des actions et des sentiments que vous avez privilégiés lors de précédentes incarnations. Vous êtes retourné à cette vie avec l'intention de briser ce modèle karmique, mais vous avez été attiré dans les anciens modes de pensée et de comportement. Vous vous êtes enfoncé plus profondément dans une tranchée karmique dont il est de plus en plus difficile de s'échapper.

Ce modèle ne vous est pas inconnu. Vous le reconnaissez dans vos relations, dans vos emplois et certainement dans vos croyances, vos comportements et vos réactions. Il est temps de prendre en charge votre karma en modifiant les idées, les sentiments et les modèles qui vous amènent à faire des choix destructeurs.

Chaque fois que vous prenez conscience du fait que vous effectuez un choix traditionnel qui vous plonge plus profondément dans votre tranchée karmique, vous pouvez changer d'avis et modifier vos actions. Ceci exigera de vous un effort conscient à chaque étape du chemin. Sans un tel travail, vous pourriez passer des vies à vous ensevelir dans les mêmes sentiments. Mais grâce à votre engagement à effectuer chaque jour des changements, il vous sera possible de vous en sortir !

Inversée

Cette inversion indique que vous êtes sorti de votre tranchée karmique, et vous disposez maintenant de toutes les ressources nécessaires pour planter les semences qui apportent une nouvelle récolte et une nouvelle vie. Dans certains cas, il peut y avoir eu des changements importants ou soudains dans votre vie — peut-être l'éclatement d'une relation, des problèmes de carrière ou des difficultés financières. Aussi difficiles que puissent paraître ces situations, elles vous aideront peut-être à vous sortir du modèle karmique que vous avez creusé pour vous-même. Heureusement, si vous en sortez, les difficultés n'ont aucune raison de se poursuivre.

Que vous soyez venu à cette liberté retrouvée par vos propres actions ou à cause de défis extérieurs, le pouvoir est maintenant entre vos mains. Mais les changements karmiques ne se produisent pas du jour au lendemain. Soyez attentif lorsque vous occupez un nouveau poste et établissez de nouvelles relations afin d'éviter de tomber dans de vieux modèles de croyances et de sentiments. C'est votre chance d'inverser des vies entières de karma destructeur et de réussir un démarrage puissant et durable pour l'avenir. Bienvenue dans les nouveaux territoires de votre vie !

Force akashique

Prenez un moment pour vous souvenir d'un vieux modèle négatif que vous connaissez bien très bien et qui vous a tenu en échec. Fermez les yeux et respirez la présence et la puissance de votre Moi supérieur. Vous devenez plus fort. Vous êtes rempli de la volonté de sortir de la boue. Et c'est ce que vous faites — maintenant et chaque fois que vous retombez dans ce modèle malsain.

5 de Parchemins

LA DIVERSITÉ

Droite

Une femme se tient sur une véranda donnant sur un beau paysage, une vallée parsemée de petites villes sur les collines et le long de la rivière. Les parchemins qu'elle a lus sont posés sur une table voisine. Elle tient dans la main un autre parchemin et regarde au loin avec attention.

Avec cette carte, vous verrez qu'il est temps de diversifier vos choix ! Il y a beaucoup d'options à considérer, et vous devriez les examiner toutes. Permettez-vous d'essayer de nouvelles choses, d'aller dans de nouveaux endroits, d'en apprendre sur de nouveaux sujets, de découvrir différentes directions et de rencontrer de nouvelles personnes. Ne craignez pas de trop disperser votre énergie. Vous êtes dans une période d'expansion, alors utilisez-la. Allez plus loin que prévu. En fin de compte, diversifiez-vous dans des directions qui vous feront découvrir un tout nouveau vous !

Inversée

Trop de choses se produisent en même temps, et vous ne savez peut-être pas ce qu'il faut faire. Il y a tant d'alternatives qui se présentent devant vous que vous hésitez à agir. Il est temps de faire un choix et de vous concentrer sur une seule chose.

Ne craignez pas d'être pris au piège dans votre choix. Tous vos autres intérêts seront toujours là plus tard, et vous aurez toujours la liberté de changer les choses à l'avenir. Si vous vous inquiétez de tout que vous ne pouvez pas faire ni posséder en ce moment, vous définissez votre vie seulement par le manque. Comprenez que le choix d'un seul objectif dans le présent vous donne une totale liberté d'agir vraiment.

Force akashique

Votre vie s'est transformée en une multitude d'occasions. Fermez les yeux et imaginez un éventail de toutes les choses qui vous intéressent. Donnez-vous la permission de les essayer. Comment pouvez-vous y arriver dans les prochaines semaines ?

6 de Parchemins

LES SABLES DU TEMPS

Droite

Le soleil se couche à l'horizon, mais il est encore visible à travers la fenêtre d'une belle salle du château. Un homme se concentre avec inquiétude sur un grand sablier presque vide. Il se retrousse les manches, prêt à se remettre au travail.

Cette carte indique que d'une manière ou d'une autre, le temps est essentiel. Il y a peut-être une occasion que vous ne voulez pas manquer ou un projet, une situation ou un lien personnel qui nécessite une action ou une conclusion. Vous avez peut-être été en retard ou vous avez été très actif et laborieux pendant un certain temps. De toute façon, continuez. Votre concentration et vos efforts sont encore nécessaires pour que vous puissiez arriver à la phase finale. Ne vous laissez pas distraire de votre objectif par vos inquiétudes. Il y a encore beaucoup à faire, alors n'abandonnez pas la partie.

Inversée

Vous avez plus de temps que vous le pensez ; inutile de vous presser. Le soleil se lève à l'est pour un nouveau jour et le sablier est rempli. La tâche à accomplir peut exiger plus de recherches et un plus important suivi ; prenez tout le temps dont vous avez besoin. Peut-être aurez-vous l'occasion de faire des recherches plus en profondeur ou de vous connecter à d'autres personnes qui peuvent vous aider. Reprenez votre souffle : vous avez encore largement le temps d'explorer la situation.

Force akashique

Fermez les yeux et ressentez l'énergie du moment. C'est presque comme si vous pouviez la chevaucher tout au long de la journée tandis qu'elle stimule votre excitation, votre enthousiasme et votre assiduité. Sentez-la maintenant et prenez conscience du fait que peu importe ce que vous avez à faire, le temps est un cadeau et un outil.

7 de Parchemins

COMPLEXITE ET APPLICATION AU TRAVAIL

Droite

Le travail sur une cathédrale de la Renaissance vient de commencer. Au début, le bâtiment semble modeste, mais avec le temps, sa taille atteindra plusieurs étages et subsistera à travers les siècles. Pour l'instant, des tas de pierres taillées ou brutes parsèment la scène. Un maçon se penche et se concentre intensément sur un fil à plomb qu'il tient près d'un mur partiellement construit. Cet instrument l'aide à déterminer si le mur est bien droit.

À un niveau très élémentaire, cette carte pourrait indiquer la construction ou la rénovation d'une maison ou d'une entreprise. Cette carte montre également que vous êtes sur la voie de l'excellence, mais elle exige que vous soyez attentif au moindre détail. Soyez attentif aux éléments de votre stratégie, de même qu'aux détails et au suivi. Même si vous avez un objectif à long terme à l'esprit, les petites étapes sont le plus importantes en ce moment. Même les plus magnifiques cathédrales ont été construites pierre par pierre, jour après jour. Ce n'est qu'en accumulant de petits succès que l'ensemble sera réussi.

Inversée

Un projet, une relation ou une situation de travail ne va peut-être pas assez vite pour vous. Soit vous êtes trop insistant ou trop attaché au résultat, soit vous ne voulez pas vous occuper des détails. Veillez à ne pas agir à la hâte. On ne fait pas grandir un petit sapin en le tirant vers le haut, et les cathédrales ne se sont pas construites en un jour. Si vous n'êtes pas prêt à être patient et à veiller aux détails, ce que vous cherchez pourrait s'effondrer sans que vous aboutissiez à un résultat. C'est maintenant le moment d'apporter de la joie aux petites étapes. Concentrez votre travail sur les subtilités et gardez la foi ; même vos plus petits efforts vous permettront d'atteindre un succès extraordinaire.

Note spéciale

Indépendamment du fait que cette carte soit droite ou inversée, notez la carte voisine vers laquelle pointe le plomb. Elle vous en dira plus sur les détails complexes de cette tâche particulière et sur les autres personnes impliquées. Prêtez aussi attention à la carte au-dessus, vers laquelle la flèche de la cathédrale est pointée. Elle révèle vos aspirations dans cette affaire et les choses qui vous aideront (ou vous gêneront) quand vous progresserez vers votre objectif à long terme.

Force akashique

En ce moment, il existe une situation dans votre vie qui nécessite que vous prêtiez attention aux détails. Fermez les yeux et imaginez que cette situation est un casse-tête en morceaux sur une table en face de vous. Imaginez les pièces individuelles et ressentez ce que vous remarquez et éprouvez à leur sujet.

8 de Parchemins

CHEMINS INCONNUS

Droite

Les animaux des bois se rassemblent autour d'une femme debout dans une petite clairière de la forêt. Une fourche devant elle se divise en trois chemins séparés : celui du milieu est clair et brillant, celui de gauche est beaucoup plus sombre avec plus d'arbres et de plantes, et celui de droite est tacheté de soleil avec quelques ombres qui tombent çà et là.

Cette carte révèle que vous avez voyagé sur un chemin que vous connaissez et qui vous indique la voie vers les résultats attendus. Mais il y a deux autres chemins qui ne sont pas aussi évidents. Souvenez-vous que si vous vous contentez du connu et de ce qui vous paraît sûr, vous ne saisirez pas les occasions invisibles qui peuvent venir à votre rencontre. Certaines options peuvent être inattendues et possiblement un peu risquées. Ne soyez pas attaché à votre plan au point de les rater.

Heureusement, au cours de cette phase, vous pouvez explorer des chemins inconnus et prendre avec confiance les décisions qui se présentent. Vous êtes flexible et assez courageux pour marcher à l'ombre. Demeurez attentif ! Des occasions extraordinaires vous attendent dans les endroits les plus inattendus !

Inversée

Cette carte inversée indique un moment de grande indécision où vous hésitez quant à la direction à prendre. Il est temps de regarder tous les chemins, même ceux qui sont dans l'obscurité, et de regarder aussi en arrière. Le chemin de gauche, partiellement illuminé par le soleil, conduit à l'examen : il mène au passé (ou à une vie antérieure) d'une relation, d'un talent ou d'une expérience. Si vous revenez sur ce passé pour résoudre un problème ou renouer avec une personne, une profession ou une action, vous ouvrirez la voie à votre succès futur, et vos décisions deviendront plus simples.

Peu importe la cause de vos hésitations, votre défi est de vous libérer de la peur et de l'inertie. Vous serez étonné par le nombre d'occasions inattendues qui peuvent apparaître dans l'avenir lors de l'examen du passé et par tout ce que vous pouvez découvrir en marchant dans l'obscurité !

Note spéciale

Peu importe si cette carte est droite ou inversée, les chemins peuvent vous aider à préciser, grâce aux cartes voisines, la manière dont votre passé et votre futur convergent dans le présent. Le chemin qui va à gauche pointe vers une carte adjacente qui montre comment une vie passée vous influence aujourd'hui. Le chemin vers la droite vous mène à une carte adjacente qui révèle les influences sur l'avenir, qu'il s'agisse de vos futures entreprises ou de vos relations à venir.

Force akashique

Fermez les yeux et voyez un chemin caché dans l'ombre devant vous. Cela peut être un peu effrayant parce que c'est quelque chose d'inconnu. Avancez dans l'ombre et sentez-vous rempli de l'excitation liée à l'incertitude et à l'occasion auparavant inconnue ! Êtes-vous prêt pour une surprise ?

LA REINE DE PARCHEMINS

Droite

Une femme très belle tient un parchemin. Derrière elle se trouve une arche ensoleillée, et tout autour d'elle tourbillonne l'énergie de la sagesse, de la connaissance et de la vérité akashique. Lorsque cette carte apparaît en position droite, elle vous apporte d'importantes informations et de l'inspiration.

La Reine de Parchemins est une femme d'un esprit supérieur que vous connaissez déjà ou que vous n'avez pas encore rencontrée. Son but est de vous permettre d'accéder à un nouveau niveau de sagesse et de compréhension. Elle peut devenir votre guide ou vous offrir une amitié qui pourrait se transformer en un amour plus profond.

Cette femme pourrait vous être utile dans un projet lié à la communication. Elle peut être une auteure, une professionnelle du marketing ou une éditrice. Si vous êtes écrivain, ce peut être quelqu'un qui vous aide à vous faire publier. La Reine de Parchemins pourrait aussi représenter une femme — vous-même ou une femme de votre entourage — accédant à un poste dans un domaine lié à la communication ou à l'université, comme le counseling, l'enseignement, le marketing ou l'édition.

Cette carte indique une phase où vous approfondissez votre compréhension des choses et votre volonté d'apprendre. C'est le moment idéal pour une progression personnelle et un apprentissage important, qu'il concerne l'esprit, le corps ou l'âme. Ouvrez-vous aux mystères cachés dans les parchemins akashiques et franchissez la porte de la connaissance.

Inversée

Parfois, cette carte inversée indique une séparation avec une femme intellectuelle qui possède de fortes compétences en communication ou qui travaille dans ce domaine. Elle peut être une amie, un membre de la famille, une conjointe ou une collègue de travail ; la séparation peut être due à la distance, à un bouleversement, à une rupture ou même à un divorce. Quelle que soit la cause, laissez aller les choses. Cette carte inversée signifie aussi parfois des problèmes importants avec cette personne ou des ennuis pour elle.

La Reine de Parchemins annonce aussi que vous-même ou une femme dans votre vie perdez (ou quittez) un emploi dans le domaine de la gestion, la recherche, les études ou la communication. Il peut y avoir une incertitude quant à l'avenir, mais la Reine de Parchemins est la femme sage par excellence et est très proche des Annales akashiques. Ouvrez-vous à cette facette de vous-même et laissez les Annales vous guider.

Force akashique

Fermez les yeux et ressentez la Reine de Parchemins alors qu'elle approche. Lorsqu'elle vous tend un parchemin, votre esprit supérieur s'éveille. Percevez la brillance de cet esprit.

LE ROI DE PARCHEMINS

Droite

Dans un jardin fleuri et bien entretenu, un homme tient un parchemin et regarde au loin. D'autres parchemins sont posés sur le banc à côté de lui. C'est le Roi de Parchemins, un érudit, et il vous sera utile à plusieurs égards.

Peut-être est-il déjà présent dans votre vie. Sinon, vous le rencontrerez bientôt. Qu'il soit un auteur, un enseignant ou un communicateur, il vous aidera sur le plan professionnel. S'il est un ami, il apporte la sagesse qu'il a acquise dans ses études et pratiques spirituelles personnelles. Soyez ouvert aux conseils de cet homme ; son soutien est utile pour mener votre vie vers de nouveaux horizons passionnants.

Comme tous les Rois et les Reines, le Roi de Parchemins pourrait incarner un nouvel intérêt d'amour pour vous ou pour un autre, selon son emplacement dans le tirage. Sa sagesse est convaincante, et il y aura probablement beaucoup de discussions intéressantes et animées.

Cette carte évoque aussi quelqu'un — vous-même ou un proche — qui aspire à plus de profondeur et de clarté dans ses pensées. C'est donc le moment de découvrir de nouveaux centres d'intérêt et peut-être même de s'inscrire à certains cours ou d'assister à quelques conférences. Un poste dans l'enseignement, le conseil, la publicité, l'écriture, la publication ou des domaines similaires pourrait bien figurer au programme.

Un trésor de découvertes vous attend, alors laissez votre esprit et votre vie prendre son envol !

Inversée

Cette inversion pourrait indiquer la séparation entre vous et un homme trop cérébral et trop analytique — ami, collègue ou même partenaire amoureux.

Parfois, l'inversion signifie qu'un homme érudit, spécialisé dans la communication ou dans l'enseignement (que ce soit vous ou une autre personne) risque de perdre son poste en ce moment. La personne peut aussi éprouver un blocage sur le plan de la compréhension. L'apparition de cette carte inversée vous met en garde et vous incite à réfléchir, à clarifier les choses et à dissiper la confusion. C'est le bon moment pour essayer d'adopter un point de vue plus large.

Vous avez le pouvoir d'apporter une vision plus éclairée à toute situation lorsque vous prenez du recul et que vous l'examinez de nouveau.

Force akashique

Prenez une profonde respiration et tirez l'énergie du Roi de Parchemins. Ressentez en vous un sens nouveau de la sagesse et une plus haute communication. Votre esprit et votre vision prennent de l'ampleur avec le pouvoir du Roi de Parchemins. Qu'aimeriez-vous apprendre ?

1 de Roses

ENGAGEMENT

Droite

Des pétales de roses sont éparpillés autour d'un contrat sur un bureau bien éclairé. Lorsque cette carte apparaît en position droite, cela signifie qu'une union précieuse est à portée de main. Un engagement romantique se manifestera, ou peut-être un amour vécu dans vos vies antérieures vous reviendra. Ce pourrait être aussi un engagement commercial, comme l'offre d'une promotion, un nouvel emploi ou encore la possibilité de former un partenariat ou de créer une nouvelle entreprise. Parfois, il s'agit de la signature d'autres types de documents, y compris la vente ou l'achat d'une maison ou le début d'un nouvel investissement.

Dans tous les cas, cette carte est remplie de lumière et indique l'annonce de bons résultats.

Comme c'est le cas avec beaucoup de cartes, une partie de la signification se réfère à vous. Elle vous rappelle d'être conscient de votre engagement envers vous-même. Si vous voulez que les autres vous donnent la priorité ou vous aident à apporter le bonheur dans votre vie, vous devez vous engager à faire de même. Vos choix empreints de respect de soi permettront à tous vos partenariats de prospérer.

Inversée

Une forme de séparation ou de résiliation de contrat peut être à portée de main. Il pourrait s'agir d'une rupture totale des liens, comme un divorce ou une perte d'emploi, ou ce pourrait être moins intense, comme une séparation ou une mise à pied temporaire. Cette carte indique aussi peut-être un investissement raté, ou alors un achat ou une vente de maison qui échoue. Quelle que soit la forme que prend cette réalité, une composante émotionnelle sous-tend l'expérience. Il est important d'exprimer vos sentiments et d'affronter le sentiment de perte, mais essayez de ne pas y penser comme s'il s'agissait d'une catastrophe. La perte ou la séparation peut sembler difficile maintenant, mais vous avez le pouvoir de l'affronter et de vous remettre sur pied.

Cette énergie indique parfois une séparation physique. Vous devrez peut-être voyager ou déménager pour des raisons professionnelles ou personnelles. Dans ce cas ou en présence de tout autre type de distance physique ou émotionnelle, assurez-vous de garder un certain équilibre dans votre vie. Considérez aussi ceci : avez-vous oublié que vous devez vous donner la priorité ? Vous placez-vous en dernier et rejetez-vous vos propres besoins ? Si c'est le cas, il est temps de prendre un engagement envers vous-même. Essayez de ne pas perdre de vue le plus grand partenariat de tous : votre lien avec le Moi éternel, puissant et précieux qu'est votre âme. Votre esprit désire ardemment que vous vous engagiez envers lui !

Force akashique

Fermez les yeux, et tout en respirant profondément, accueillez le mot engagement. Sentez son énergie vous remplir de dévouement et renforcer votre but. Vous êtes prêt à donner la priorité à chaque engagement de votre vie, grand ou petit, en particulier à votre engagement envers vous-même.

MESSAGERS AILÉ

Droite

Une colombe blanche portant un message dans son bec vole au-dessus d'une table dressée pour le thé. L'une des tasses de thé est tombée ; il y a des morceaux de porcelaine sur la table. Un faucon vole vers la colombe et porte, lui aussi, un message dans son bec.

La carte indique un petit conflit dans votre maison ou votre famille. Cet affrontement pourrait vous impliquer, vous ou d'autres membres de votre famille élargie, dans des problèmes d'argent concernant la maison, un héritage ou des finances personnelles.

La colombe apporte un message de votre esprit, une incitation à voir ce petit drame à travers votre esprit supérieur et votre cœur compatissant. Si vous vous sentez obligé de calmer les choses ou de régler cette situation, autorisez-vous à agir selon l'Esprit qui vous guide.

Le faucon, un prédateur, montre qu'il y a des moments où vous pourriez avoir tendance à vous laisser entraîner dans la mêlée. Avec le faucon qui vient de la droite, cela indique certainement qu'il peut vous arriver d'autres défis. Heureusement, votre esprit est bien au-dessus de ces provocations, de sorte que vous pouvez les voir clairement et les gérer efficacement.

Inversée

Avec cette inversion, le conflit a pris de l'ampleur. La table est perturbée, et il semble que personne ne puisse se mettre d'accord. Le faucon, un oiseau de proie, vole au-dessus de la colombe. Vos peurs et vos sentiments peuvent étouffer la voix de votre Esprit ; il devient donc de plus en plus difficile de défendre la paix en vous et autour de vous. Il vous faudra peut-être traiter avec des personnes ou des problèmes financiers qui vous semblent dangereux en ce moment. Veillez à ce qu'on ne vous demande pas de donner plus que ce que vous avez.

Bien que la situation puisse paraître très difficile, il suffirait que tout le monde fasse un effort pour que les choses soient faites correctement. Ceux qui sont impliqués sont vraiment intraitables et incapables d'écouter pour l'instant. Il est important de faire ce que vous pouvez, mais aussi de vous éloigner du conflit lorsque les autres sont déterminés à arriver à leurs fins. Même lorsque cette carte est inversée, la colombe révèle que le pouvoir de votre esprit est votre point d'ancrage et sera toujours là pour vous soutenir.

Note spéciale

Que cette carte soit droite ou inversée, vous pouvez obtenir des informations supplémentaires d'une carte voisine. Le faucon vient de s'envoler de son perchoir en quittant la carte derrière lui. Regardez cette carte pour en savoir plus sur ce conflit et sa résolution. Écoutez votre esprit ; il vous dira s'il y a des influences de vies antérieures dans cette situation.

Force akashique

Avec une profonde respiration, rentrez en vous-même et sentez l'énergie blanche, brillante et pure de votre Moi supérieur. Alors que la sensation de cet être radieux vous emplit, invitez votre esprit à vous envoyer un message concernant une personne qui est devant vous à ce moment. Que vous obteniez un mot, un sentiment ou une image, le message sera reçu immédiatement.

3 de Roses

ESPRITS AIMANTS

Droite

Des fées ludiques et des lutins d'eau s'ébattent dans les airs autour d'un petit enfant. Ils remplissent l'air de joie et de bonheur.

Bien que beaucoup de gens ne croient pas aux élémentaux, les esprits de la nature de toutes sortes existent, et ils ont plus de pouvoir qu'on peut l'imaginer. Ils vivent dans les éléments de la terre, de l'air, du vent et du feu, et ils sont disposés à partager les conseils, le bien-être et l'inspiration des Annales akashiques qui existent dans le monde naturel.

Cette carte est là pour vous dire que la joie dans votre vie va bientôt prendre de l'ampleur. Elle vous encourage également à vous souvenir de vous amuser ! Devenez plus enjoué dans votre vie quotidienne, permettez-vous de chanter et de rire beaucoup. Faites appel aux élémentaux pour vous inspirer dans ce domaine et dans d'autres. Ils sont une source d'amusement et d'élévation qui peut, dans une grande mesure, apporter la joie dans votre vie.

Inversée

Cette carte inversée révèle une séparation sérieuse de l'enfant aimant à l'intérieur de vous, de votre propre esprit et de votre union avec le monde naturel. C'est aussi un moment où vous semblez avoir perdu votre enthousiasme pour la vie. Essayez de ne pas prendre les choses trop au sérieux. Il est important de trouver un but joyeux, quelque chose qui fait vraiment chanter votre cœur. Méditez plus, faites les choses qui vous rendent heureux, ouvrez votre cœur à votre propre Moi rayonnant et aux êtres dansants et heureux qui sont tout près de vous.

Force akashique

Fermez les yeux et sentez l'air bouillonner avec l'envol et la danse des élémentaux tout autour de vous. Sentez-vous sourire dans la légèreté joyeuse de l'être qu'ils apportent. Chaque fois que vous prenez un moment pour le faire, vous ouvrez votre cœur à la joie.

4 de Roses

VISIONS DE L'EGO

Droite

Trois personnes se tiennent debout devant un grand miroir. L'homme au centre se regarde d'un air enthousiaste, et dans son reflet, il semble éprouver un sentiment de supériorité. Il est le seul dont le reflet apparaît dans le miroir.

Cette carte indique qu'il peut y avoir une personne irréfléchie et égoïste dans votre vie — amant, ami, parent ou relation d'affaires. Cette personne est égocentrique et ne fait des projets qu'en fonction de ses intérêts. Peut-être avez-vous passé trop de temps à donner — plusieurs fois — à cette personne sans recevoir beaucoup en retour. Vous avez toléré ce mépris parce que vous espériez que les choses s'amélioreraient, ou peut-être que vous aviez trop peur de vous éloigner.

Vous devez maintenant vous réveiller : cette personne est peu susceptible de changer, et vous essayez peut-être de retarder l'inévitable. Jetez un regard honnête à votre reflet dans le miroir et voyez comment vous affectez votre futur en demeurant dans cette relation.

Inversée

Votre tolérance envers le comportement d'une personne égoïste a pris fin. Vous avez pris conscience du fait que certaines lacunes dans votre vision de vous-même ont attiré cette personne qui est incapable de donner. Vous êtes maintenant prêt à vous donner la priorité. Vous en êtes plus conscient et vous êtes prêt à prendre des mesures qui vous honorent. Vous n'avez plus envie d'être négligé ou minimisé. Même si vous hésitez un peu, soyez fort et oubliez cette personne. Chaque fois que votre ego vous fera ressentir un manque dans votre vie, dites « Merci » pour ce rappel qui vous exhorte à vous tourner vers votre propre vérité éternelle. Dites-vous : « L'abondance détermine ma vie. » Sentez que vous êtes rempli d'un amour et d'un pouvoir inépuisables. C'est seulement lorsque vous vous traitez mieux que vous déclarez à l'univers que vous *méritez* mieux.

Force akashique

Imaginez que vous vous regardez dans un miroir et que tout ce que vous voyez reflète le Dieu en vous. Prenez un moment pour ressentir cette vérité. Cette partie de vous se reflètera dans tout ce que vous penserez et accomplirez. Et chaque fois que vous vous regardez dans un miroir réel, voyez-y votre Moi divin.

5 de Roses

LE JARDIN

Droite

Deux enfants jouent dans un jardin ensoleillé, luxuriant et verdoyant. Un garçon joue avec son lance-pierre tandis qu'une fillette à côté de lui observe, à travers une loupe, un papillon posé dans les fleurs.

Si les enfants ne font pas déjà partie de votre vie, cette carte pourrait indiquer leur arrivée. Cela pourrait aussi signifier que vos enfants (même les enfants adultes) pourraient devenir plus importants pour vous. Ils ont leurs propres préoccupations, mais les possibilités d'améliorer les choses se présentent plus facilement, à présent. Il peut aussi y avoir de vrais changements et avantages en vue pour l'un de vos enfants ayant récemment fait des efforts particuliers.

C'est un moment très avantageux pour les enfants autour de vous. Appréciez-le et aidez-les à l'apprécier aussi.

Inversée

Cette inversion peut révéler qu'un ou plusieurs de vos enfants (ou d'autres enfants importants dans votre vie) ont des difficultés. La situation n'est pas facile, et les personnes impliquées peuvent se mettre à jouer le jeu des reproches. Elles prendront peut-être du temps pour trouver une solution. D'autres membres de la famille ou des sources d'aide professionnelle peuvent apporter un soutien, mais le processus sera long. Essayez de soutenir vos enfants sans trop intervenir. Soyez patient et compatissant. Des temps plus faciles sont à venir pour vos enfants et pour vous avec eux. Laissez les choses se dérouler naturellement.

Note spéciale

Que la carte soit droite ou inversée, vous pouvez regarder la carte adjacente (celle vers laquelle le garçon tire et la fille regarde) pour obtenir plus d'informations sur les enfants autour de vous et sur leurs problèmes. Appliquez les détails et les personnes de cette carte voisine aux enfants actuels (et à venir) dans votre vie.

Force akashique

Fermez les yeux. En pénétrant dans le jardin, devenez l'enfant que vous aviez dans le cœur et dans l'esprit. Laissez l'enfant en vous jeter un coup d'œil à l'un des enfants de votre vie, qui joue ici, lui aussi. Quelle nouvelle perspective obtenez-vous lorsque l'enfant que vous êtes rencontre un enfant de votre entourage ?

6 de Roses

LA GUERRE DES ROSES

Droite

Des nuages d'orage se rassemblent dans le ciel. Formant deux rangées, des cavaliers en armure se tiennent prêts et se font face à travers un champ de bataille. La rangée de gauche porte la bannière de la Rose blanche ; celle de droite porte celle de la Rose rouge.

Cette carte représente une guerre dans une relation ou un combat que livre votre cœur au sujet d'une relation. Le plus souvent, cette relation est de nature romantique, mais cette carte peut également désigner un collègue, un partenaire, un patron ou un membre de la famille. Il peut y avoir des jeux de pouvoir, et à tout le moins, il existe un manque de réciprocité et de communication.

Vous vous trouvez dans une impasse. Votre intuition ou votre esprit (la Rose blanche) vous a dit que cette expérience n'est pas favorable. Mais vos passions, vos peurs et vos besoins (la Rose rouge) vous empêchent d'écouter. Vous avez essayé de rapprocher les deux, comme indiqué par le drapeau souillé, tombé par terre, qui porte les deux Roses à la fois. Mais ce qui se passe dans cette relation n'est pas compatible avec la vision de votre esprit pour vous. Alors, vous êtes là, avec votre esprit et vos passions, et vous vous contentez de regarder et d'attendre.

Cette situation est totalement karmique, et il est temps pour vous d'écouter et d'agir. La conscience, la vision et le respect de soi sont maintenant nécessaires pour que vous puissiez vous positionner au mieux — et faire des plans pour quitter le champ de bataille.

Inversée

Une relation s'est rompue. Le conflit a perturbé votre vie, votre travail et peut-être même vos autres relations. Vous ressentez peut-être une grande perte et de la tristesse, mais il est important de voir la situation telle qu'elle est réellement. Même si vos émotions vous ont bloqué dans cette relation, vous avez été amoureux ou vous vous êtes attaché à une illusion. Soyez honnête avec vous-même quant au type de personne représentée ici. Ce n'est pas le prince charmant que vous avez perdu ; c'est le roi Henri VIII.

Le drapeau montrant que votre esprit dirige vos sentiments vole enfin au-dessus de toute la scène, ses lambeaux témoignant de vos efforts. Vous êtes enfin libéré d'une lutte qui vous a blessé. Alors, faites le ménage du champ de bataille. Votre nouvelle vie vous attend !

Force akashique

Fermez les yeux et voyez ou sentez une personne avec qui vous entretenez un certain type de relation. Cela peut être n'importe quelle relation dans votre vie actuelle. Imaginez cette personne qui vous tend une rose. La rose est-elle vibrante ? Imposante ? Petite ? Brillante ? Sombre ? Heureuse ? Triste ? Quel message recevez-vous de cette rose ?

7 de Roses

LE VOYAGE

Droite

Un port de mer grouille d'activité tandis que la cargaison est chargée sur de nombreux navires différents. Dans une barque, deux femmes sont en route vers le grand bateau qui les emmènera en voyage. Deux hommes avec leurs malles et leurs valises attendent de les suivre.

Cette carte indique le moment d'un voyage, d'un déménagement ou d'un déplacement. Votre travail ou vos efforts créatifs partent dans une toute nouvelle direction, que ce soit au sens figuré dans un nouveau secteur ou littéralement dans une nouvelle ville. Quel que soit ce voyage, il est certain qu'il vous mènera dans de nouveaux endroits et vers de plus grandes opportunités. Même s'il faut laisser une certaine sécurité derrière soi, ce n'est pas le moment de rester à l'abri dans le port. Il est temps de trouver et d'explorer de nouveaux mondes ! Alors, faites vos valises !

Inversée

Un voyage ou un déménagement peut être retardé ou annulé. Si vous avez cherché à modifier, à développer ou à diversifier votre travail, ce n'est peut-être plus le bon moment. Mais ne vous inquiétez pas. Vous n'avez pas perdu l'occasion de nouvelles découvertes, de nouveaux voyages et de nouveaux lieux ; les choses sont simplement retardées. Soyez patient et attentif à ce qui se présente à vous. Votre bateau reviendra le moment venu.

Force akashique

Fermez les yeux et visualisez-vous alors que vous entreprenez ce voyage magique. Sentez un mouvement tourbillonnant autour de vous et laissez-vous gagner par l'excitation. Où voulez-vous aller ? Comment voulez-vous vous y rendre ?

8 de Roses

SANGHA—COMMUNAUTÉ

Droite

À l'intérieur d'une pièce, les gens sont assis autour d'une table, discutant avec intérêt et énergie. Il y a plusieurs symboles de différents groupes. Un caducée, un tournesol, une cloche tibétaine, un scarabée égyptien, un capteur de rêves et une étoile de David n'en sont que quelques-uns.

Cette carte indique qu'il est temps de vous joindre à (ou de rejoindre) votre groupe, votre ashram, votre tribu ou votre sangha. Peu importe le nom que vous lui attribuez, c'est une communauté qui vous relie à d'autres personnes aux objectifs et activités similaires. Il y a beaucoup de communautés dans la vie de chaque personne — et encore plus qui reviennent de vies antérieures. Par exemple, vous avez affaire à votre famille, à vos amis et à vos collègues, mais il y a aussi des personnes avec qui vous partagez de nombreux objectifs créatifs, culturels ou spirituels.

De nouveaux amis peuvent aussi venir à votre rencontre en ce moment. Soyez ouvert à ces nouvelles connexions. Vous ne trouverez pas seulement de l'aide avec les directives actuelles ; vous pourrez également réactiver les relations, les talents et les disciplines du passé. Le temps d'un heureux partage de vos découvertes est venu !

Inversée

Cette carte inversée peut indiquer un différend avec ou entre des amis, ou alors une perturbation dans un groupe autour de vous. Cela peut indiquer aussi l'impression de ne plus appartenir à un groupe. Peut-être que vous êtes allé aussi loin que vous le pouviez avec ces gens ou que vous êtes intéressé par de nouvelles choses, ce qui vous incite à partir. S'il y a un problème et si vous êtes obligé d'apporter de l'aide à quelqu'un, faites ce que vous pouvez sans chercher à prendre le contrôle de la situation ni à réduire l'autonomie d'autrui. Si vous sentez que vous voulez quitter le groupe, faites-le.

Sachez que ce n'est pas la seule communauté qui vous est ouverte. Les nombreux symboles montrés dans cette carte sont loin de représenter tous les groupes de votre passé et de votre avenir. Que vous soyez attiré par l'encrier de l'écriture, le tournesol de la médiumnité spiritualiste, le caducée de la guérison ou toute autre activité, il existe des communautés qui partagent votre intérêt et soutiennent vos efforts.

Avec cette carte inversée, vous pourriez avoir envie d'être seul pour le moment et de minimiser votre exposition à des groupes, des églises ou des clubs. Si c'est le cas, donnez-vous la permission de le faire. Mais souvenez-vous que c'est maintenant l'Âge du Verseau ; l'énergie présente est la puissance du collectif. Si un certain collectif ne fonctionne pas pour vous, il y en a peut-être un autre qui vous convient mieux. Continuez vos recherches. Vous pourrez y trouver une grande force.

Force akashique

Fermez les yeux et commencez à sentir qu'une nouvelle communauté vous entoure. Les gens se rassemblent, et vous ressentez le soutien des âmes sœurs. Jetez un coup d'œil autour de vous et notez ce que vous percevez à propos des personnes qui se trouvent là. Qui sont-elles, et quel objectif avez-vous en commun ?

LA REINE DE ROSES

Droite

Cette carte montre une femme très belle qui porte des roses dans ses cheveux et qui est entourée de bouquets de roses. Un magnifique paysage apparaît à l'extérieur, mais elle se concentre paisiblement sur la fleur qu'elle tient dans sa main. La Reine de Roses indique une femme aimante et d'un grand soutien, mais qui a aussi un côté passionné.

Cette carte révèle un lien amoureux. Une relation avec quelqu'un que vous connaissez ou avec une nouvelle personne peut s'approfondir et devenir sérieuse. Soyez ouvert à ce lien, qu'il soit romantique, amical, familial ou professionnel ; il vous sera utile et précieux d'une manière ou d'une autre.

La Reine de Roses représente une femme — vous-même ou une autre personne — qui entre dans votre vie à l'heure actuelle en jouant un rôle d'épouse ou de mère. C'est un moment où une énergie aimante s'exprime dans votre vie !

Cette carte en position droite indique parfois que des difficultés avec la famille, un ami ou un amant se sont heureusement résolues. Le moment est arrivé pour des liens pacifiques et aimants, alors ouvrez votre cœur à la compassion, qu'elle soit en vous ou autour de vous.

Inversée

L'inversion de cette carte révèle un certain manque d'harmonie ou même un conflit avec une femme dans votre vie — amie, membre de la famille, collègue ou amoureuse. Peu importe de qui il s'agit, demeurez conscient et vigilant. Assurez-vous de rester centré, calme et responsable. Une bonne communication vous permettra peut-être de redresser la situation.

La Reine de Roses inversée peut aussi vous indiquer que vous — ou une femme que vous connaissez — sortez de votre rôle de mère ou d'épouse. Il peut être difficile pour vous de tomber enceinte, vos enfants peuvent quitter le nid familial pour aller à l'université, ou alors une séparation romantique se profile à l'horizon. Il se pourrait que vous ne vous compreniez plus mutuellement, et il est temps de passer à autre chose. Acceptez vos émotions et respectez le deuil qui apparaît. C'est un cycle de transformation. Lorsque vous serez séparé de ceux qui ne sont pas pleinement présents ou respectueux, votre vie s'ouvrira au soutien aimant que vous méritez vraiment.

Enfin, cette carte pourrait indiquer une profonde déchirure dans votre amour-propre, un passé où vous n'avez pas pris soin de vous. C'est pourquoi il est important maintenant d'adopter l'attitude inverse et de faire très attention à vous. Vous aimer est devenu une véritable priorité, et l'univers répondra en envoyant beaucoup plus d'amour dans votre vie.

Force akashique

Fermez les yeux et entrez dans l'énergie de la Reine de Roses. Apprenez à connaître ce pouvoir bienveillant et ce caractère paisible. Sentez en vous sa compassion et percevez votre désir d'étreindre avec amour l'univers et vous-même.

LE ROI DE ROSES

Droite

Cette carte montre un homme tenant deux roses, l'une rouge et l'autre blanche, ce qui symbolise un équilibre entre passion et pureté. À ses pieds se trouvent les roses jaunes de la guérison et de la créativité. C'est le roi de l'amour, un homme équilibré et épanoui.

Cette carte, en position droite dans votre tirage, annonce l'imminence d'une union potentielle, où il est question d'amitié, d'affaires ou d'une idylle. Que la relation soit nouvelle ou plus ancienne, cet homme vous apporte un soutien tendre et réfléchi. C'est aussi quelqu'un qui pourrait vous être utile dans votre vie personnelle, en particulier dans le cas de problèmes familiaux ou domestiques.

Que le Roi de Roses vous représente ou symbolise un autre homme, l'homme en question est prêt à jouer le rôle du mari ou du père, à bâtir une maison et une famille heureuse. Cette carte vous permet aussi de savoir que vous êtes prêt à vous défendre et à agir avec amour, après mûre réflexion, pour votre propre compte. C'est une période de croissance, d'amour et de compassion qui commence toujours à l'intérieur !

Inversée

L'inversion de cette carte indique une perturbation potentielle dans une relation avec un homme, qu'il s'agisse d'un ami, d'une famille ou d'une relation amoureuse. Cela pourrait faire des étincelles ! Ne soyez pas accablé par ce bouleversement émotif, si intense soit-il. Tout ce qui se termine laisse la place à de nouveaux commencements. La carte peut représenter un ancien amour que vous n'avez pas pu oublier. Si c'est le cas, il est temps de vous libérer de cet attachement et d'ouvrir votre vie à de nouvelles — et meilleures — choses dans l'avenir.

Si elle se réfère à vous, cette carte pourrait signifier un moment où votre rôle de père ou de mari est fortement diminué, par choix ou en raison des circonstances de la vie. Si vous avez une profonde tendance à vous négliger, il est temps de créer avec vous-même une relation de bienveillance. Oubliez vos habitudes ; vous avez désormais le pouvoir d'apaiser votre cœur, de voir les choses clairement et de prendre le contrôle de votre perception de vous-même et de votre vie. Votre union avec vous-même ne dépend que de vous !

Force akashique

Fermez les yeux et enfilez les robes du Roi de Roses. Vous êtes le roi de la famille, du foyer et de la communauté. Ressentez en vous un sentiment de bienveillance. Qu'aimeriez-vous apporter maintenant au monde qui vous entoure ?

1 de Forces

LE CHAMP AKASHIQUE

Droite

Comme le champ akashique, l'aurore boréale coule avec énergie et brillance lorsque des particules solaires interagissent avec les atomes de l'atmosphère terrestre. La distance de 150 millions de kilomètres entre le Soleil et la Terre n'est rien si on la compare à la conscience illimitée du champ akashique. Toutes les informations, le pouvoir, l'énergie et les expériences vibrent dans ce royaume de vérité et de possibilité sans fin — et tout cela peut vous appartenir.

Recevoir cette carte en position droite vous indique que les occasions extraordinaires abondent en ce moment.

Vous pouvez amplifier et accélérer l'expérience en ouvrant les portes aux Annales akashiques. Votre énergie vitale fait maintenant écho à la synchronicité universelle, et vous pouvez explorer les Annales et recevoir exactement l'information dont vous avez besoin et l'énergie qui peut vous aider. Engagez-vous dans cette voie en toute conscience. Rédigez vos intentions et demandez l'inspiration. Méditez sur le champ akashique et visualisez vos objectifs. L'univers est prêt et disposé à s'aligner sur vos désirs profonds, et il est maintenant temps de les réaliser.

Inversée

La carte du champ akashique en position inversée indique une période de fragmentation et d'énergie agitée à l'intérieur ou autour de vous. Peut-être que vous traversez une sorte de crise, que vous vivez un chagrin ou que vous subissez de l'hostilité, ce qui vous perturbe beaucoup ! Votre inquiétude et votre panique vous font perdre votre énergie et provoquent une vibration frénétique chez vous.

Vous devez savoir que la conscience universelle de la création est toujours disponible pour vous. L'inspiration éternelle vibre toujours autour de vous, mais si vous ne vous calmez pas et si vous ne cessez pas de vivre des émotions intenses, vous vous sentirez comme une station de radio réglée à la mauvaise fréquence ne captant que de la statique.

Le champ — et le monde — est rempli de solutions potentielles aux problèmes mêmes qui vous mettent en colère. Alors, arrêtez-vous, prenez du recul et essayez d'avoir une nouvelle perspective sur les choses. Il peut être conseillé de se pencher sur les influences de la vie passée, car elles vibrent aussi dans le champ akashique.

Force akashique

Fermez les yeux et imaginez-vous entrer dans le champ akashique illimité et brillant. On dirait presque que vous marchez sur la Voie lactée, et toutes ses étoiles se déploient devant vous, offrant leur lumière et leur puissance. Sentez cette force profonde enflammer vos rêves et éclairer votre chemin.

2 de Forces

LE SAULE

Droite

Un grand et magnifique saule se dresse sous le soleil d'été. Cet arbre majestueux est fort et flexible, et cette carte en position droite vous dit que vous l'êtes aussi. Le saule étend en profondeur ses larges racines, créant une base solide capable de résister à n'importe quoi. Il est maintenant temps pour vous de vous tenir droit et de sentir sous vos pieds la terre qui vous soutient !

Cette carte indique une période de calme, alors profitez dès maintenant de l'énergie paisible. Elle révèle aussi une période de pouvoir, parfaite pour renforcer votre ancrage dans votre travail, dans votre famille et dans votre esprit, ainsi que pour approfondir votre confiance en vous. Tout comme le saule, vous détenez une force paisible, tirée des sources de votre âme et aussi vaste que l'éternité. Appuyez-vous avec confiance sur votre vérité, agissez pour soutenir la progression de toutes les choses merveilleuses de votre vie et sachez que vous êtes puissant !

Inversée

La carte du saule inversée indique que les vents du changement (ou du conflit) soufflent autour de vous. N'essayez pas de vous battre ; vous pourriez vous faire déraciner. Demeurez plutôt flexible et pliez-vous aux exigences du moment. Même si vous avez l'impression de vivre un bouleversement total, vous êtes fort et capable de vous plier sans vous rompre, comme le saule.

Demeurez concentré, mais capable de vous adapter aux circonstances qui tourbillonnent autour de vous. Votre identité spirituelle comporte des racines profondes et solides, alors comptez maintenant sur elles. Ce cycle d'incertitude passera. En attendant, laissez-vous guider par les Annales akashiques. Vous êtes enraciné dans leur sagesse et leur vérité. Permettez-vous d'y recevoir le pouvoir.

Force akashique

Respirez profondément et sentez vos racines énergétiques se planter sous vos pieds, descendre jusqu'aux profondeurs de la terre et capter les ressources qui vous sont nécessaires. Sentez monter en vous la force de cette source profonde d'énergie.

3 de Forces

LE NID D'OISEAU

Droite

Un nid solide et résistant accueille une famille d'oiseaux, et un adulte nourrit ses oisillons. Cette carte représente la force de la créativité et de la croissance. En position droite, cette carte vous signale qu'il vous faut vous concentrer sur le démarrage ou l'expansion de nouvelles activités, que ce soit dans votre entreprise, votre réseau d'amis ou même votre famille.

Il peut y avoir certains efforts impliqués. Il faut bâtir le nid, après tout, et vous devrez demeurer ouvert aux nouveautés qui viendront à votre rencontre : il y a peut-être des enfants, des rénovations, l'embauche de nouveaux employés ou encore l'ouverture de nouveaux bureaux qui se profile à l'horizon. Peu importe de quoi il s'agit, l'effort en vaudra la peine, car ces développements vous apporteront une grande joie.

Une croissance d'ordre spirituel vous attend peut-être aussi. Il n'est jamais trop tard pour élargir votre réseau, qu'il s'agisse de votre famille, d'amis ou de guides spirituels. Les récompenses liées à ce genre de croissance sont illimitées !

Inversée

La carte du nid d'oiseau inversée indique une forme de séparation, de réduction ou de réorganisation. Il peut y avoir de la distance entre vous et les membres de votre famille, une entreprise a peut-être besoin de réduire ses effectifs ou d'être fermée, ou alors des amis se sont peut-être éloignés de vous. Mais reprenez courage ; un nid vide est toujours un signe d'un envol heureux !

L'inversion de cette carte vous dit d'abandonner l'ancien, de garder le contrôle de vos projets ou de prendre une nouvelle direction. Il peut même y avoir un déménagement à venir — personnel, professionnel ou même les deux. Soyez conscient de vos options et soyez courageux en faisant vos choix. Même si une partie de cette expérience ressemble au début à une perte, cette période de réduction ou de relocalisation est susceptible de mener à une grande liberté personnelle et à une transformation professionnelle !

Force akashique

Fermez les yeux et voyez-vous en train de remplir votre nid. Quel genre de choses faut-il mettre en place pour soutenir la croissance qui vous attend ?

PRINTEMPS / AUTOMNE

Droite

Cette carte en position droite montre un arbre bourgeonnant où les fleurs commencent à fleurir. C'est l'une des cartes du cycle saisonnier. Elle vous indique que vous entrez dans une période de plantation et de préparation active. Le printemps est une période très intense pour le fermier, qui laboure le sol et plante sa récolte. Cette vous demande donc de faire un peu plus d'efforts pour jeter les bases des temps à venir.

Il pourrait s'agir d'une période très créative pour vous. Prenez des mesures pour élaborer des projets créatifs ou des projets liés au travail qui nécessitent plus de temps et d'efforts ; le travail que vous accomplissez maintenant pourrait entraîner de grandes récompenses plus tard.

Engagez-vous dans cette activité supplémentaire avec joie et optimisme. Vous semez votre énergie dans les Annales akashiques de votre vie ; tout en travaillant à réaliser vos objectifs, n'oubliez pas de planter l'espoir et le bonheur dans toutes vos actions.

Inversée

La réception de cette carte inversée place l'automne en position supérieure. Elle révèle un cycle de récolte et peut-être même une grande abondance à venir. Vous allez recueillir les résultats des actions du passé. Vos projets professionnels, créatifs ou personnels sont sur le point de porter leurs fruits !

Même si l'issue est favorable, n'oubliez pas que la récolte exigera des efforts de votre part, tout autant que la plantation. Il y aura des points à régler ou des actions à entreprendre. Si c'est le cas, concentrez-vous sur ce qui doit être fait maintenant pour achever ou clore l'affaire en question.

La moisson est le temps où l'on récolte ce que l'on a semé. Profitez des fruits de votre travail. Que la récolte soit grande ou petite, choisissez toujours l'approche de la gratitude. Si vous placez maintenant de la reconnaissance dans vos Annales akashiques, vous attirerez beaucoup de nouvelles choses qui généreront plus de gratitude dans votre avenir.

Force akashique

Fermez les yeux et placez-vous debout en plaçant un pied au printemps et l'autre à l'automne. En jetant un regard sur votre vie, demandez-vous quelle étape vous aidera à planter les semences d'une nouvelle situation et quelle étape vous aidera à la récolter. Visualisez ces actions.

5 de Forces

ÉTÉ / HIVER

Droite

Cette carte de cycle saisonnier révèle la meilleure façon de dépenser votre énergie en ce moment. Sous un beau ciel ensoleillé d'été, des agriculteurs travaillent dur sur leurs récoltes. L'été est une période de forte activité yang ; c'est donc pour vous une indication qu'il vous faut vous mettre en mouvement ! L'action est une partie importante de ce cycle, et elle peut prendre plusieurs formes. Vous pouvez peut-être agir pour intensifier votre vie professionnelle. Ou peut-être est-ce le moment idéal pour essayer d'atteindre vos objectifs personnels, que ce soit faire plus d'exercice, planifier plus d'activités sociales ou enfin vous adonner à une activité amusante dont vous rêvez depuis toujours. Vous pourriez aussi réfléchir et vous demander quelles actions ou quelle perspective choisir pour attirer une nouvelle histoire d'amour ou améliorer votre vie amoureuse. Cette carte vous indique de réfléchir à ce qui doit être fait, alors allez-y !

Ce cycle est le moment idéal pour créer une énergie souriante et bienveillante envers vous-même, de même que pour l'exprimer afin que le monde entier puisse en être témoin. Ne soyez pas surpris si un voyage se propose à vous. Cette carte implique un genre de mouvement, alors préparez-vous !

Inversée

Lorsque cette carte est inversée, l'hiver montre des arbres couverts de neige dans un paysage immobile. Elle vous indique que vous êtes dans un cycle de yin — une période de réceptivité, d'introspection et de bilan. Cette phase peut vous demander d'être moins actif dans le monde ; c'est néanmoins une énergie tranquille qui portera des fruits plus tard. Cet état passif et réceptif est un bon moment pour méditer, se connecter à l'Esprit et surtout élaborer des projets pour l'avenir.

Le cycle d'hiver est rempli d'activité intérieure mélangée à une retraite paisible. Votre vie extérieure peut cependant nécessiter certaines actions ; faites-les avec concentration et dans la paix intérieure. N'oubliez pas de vous détendre et de vous ressaisir. Élaborez des plans pour les nouveaux commencements qui viendront avec le printemps tout en cédant à l'énergie réceptive du moment.

Force akashique

Fermez les yeux et respirez profondément avec l'énergie calme et réceptive du yin. Percevez la situation de votre vie qui vous procurera une récolte tranquille. Prenez une autre respiration profonde. Expirez le yin puis inspirez le yang. Ressentez l'énergie yang créative et puissante qui vous emplit. Où voulez-vous particulièrement appliquer de la vitesse et de l'action dans votre vie en ce moment ?

6 de Forces

LA CASCADE

Droite

Avec un grondement assourdissant, une chute d'eau géante se déverse dans un beau plan d'eau. En position droite, cette carte vous rappelle votre incroyable pouvoir personnel et vous aide à vous ouvrir à votre force intérieure. Sachez que vous êtes un moteur dans l'univers. Vous êtes capable de façonner n'importe quelle situation d'une manière qui vous honore et qui fait avancer votre vie.

L'élément de l'eau est fluide : comme la cascade, votre énergie personnelle ne s'arrête jamais. Votre force vitale est infinie : elle jaillit de votre passé éternel et se fait entendre dans un avenir sans limites, jusque dans les coins les plus reculés de l'univers. C'est une période de profonde réflexion et d'émotions puissantes, mais aussi de progression de l'énergie psychique. Prenez le temps d'agir en fonction de ces effets et tirez profit de votre pouvoir toujours en mouvement.

Inversée

En position inversée, cette carte indique une situation où vous ressentez une perte de pouvoir significative. Cette cascade inversée montre que vous êtes dans une période émotionnellement réactive. Peut-être avez-vous l'impression que votre vie est complètement bouleversée ou que vous avez confié sans le vouloir votre pouvoir à quelqu'un d'autre, qu'il soit un amoureux, un patron, un parent ou un ami. Peut-être que vous respectez les priorités d'une autre personne malgré votre intuition, qui vous implore de ne pas le faire. Dans une forme extrême, vous avez totalement abandonné la partie, que ce soit en tombant en dépression ou en vivant sous la domination d'un autre. Il faut absolument vous relever et retrouver votre pouvoir. Vous avez peut-être l'impression que c'est une chose très éloignée de vous en ce moment, mais votre âme attend que vous appreniez à le faire.

Pendant cette phase, prenez du temps dans vos méditations et vos moments de repos pour puiser dans l'amour, la puissance et la valeur de votre esprit. Lorsque vous comprendrez votre vraie valeur, vous saurez que vous méritez de façonner votre propre destin, et vous prendrez les mesures nécessaires pour y arriver.

Force akashique

En respirant profondément, remplissez chaque partie de votre être de l'énergie d'une grande cascade. Sentez le pouvoir qui électrifie et illumine le monde qui coule à travers vous. Comment voulez-vous l'employer aujourd'hui ?

7 de Forces

ÉQUILIBRE

Droite

Cette carte révèle une période d'harmonie, d'équilibre et de justice dans votre vie. Sur un bureau sont posés des balances, des parchemins et des piles de papiers. Des étagères de livres décorent le mur, et une porte s'ouvre sur une pièce remplie de lumière. En position droite, cette carte indique qu'un moment d'équilibre est à portée de main. Tous les systèmes — ceux du corps, de la nature et de la société — cherchent à atteindre l'équilibre. Prenez le temps d'étudier les aspects de votre vie où vous pouvez apporter un plus grand équilibre. L'univers vous aide à le faire.

Vous devrez peut-être affronter des problèmes juridiques importants, faire face à des formalités administratives ou vous retrouver en cour en lien avec des biens, un héritage, des contrats de travail, la garde des enfants ou un divorce. Soyez patient et prêtez attention aux détails, car les détails techniques sont importants en ce moment. Mais les choses augurent bien ; la justice est proche. Demeurez courageux devant la lumière dorée qui baigne la scène — un signe que tous les problèmes apparaîtront au grand jour et qu'une résolution juste et bénéfique vous sera proposée.

La justice amène un équilibre à la société, mais les Archives akashiques montrent que la justice ne se limite pas strictement aux situations judiciaires et contractuelles. La justice et la réciprocité sont porteuses d'énergie, et l'énergie que vous manifestez en ce moment vous reviendra dans le futur. Souvenez-vous que votre production d'énergie dépend de vous. Continuez d'être conscient de vos pensées et de vos actions. L'équilibre intérieur d'aujourd'hui mène à un beau destin dans l'avenir.

Inversée

Inversée, cette carte indique que vous êtes peut-être en déséquilibre et impliqué dans une situation difficile qui vous a fait perdre votre lucidité et même votre pouvoir. C'est parfois une affaire juridique stressante ou une situation qui vous semble injuste. Vous vous sentez peut-être coincé dans la paperasserie, mais vous devez être proactif. Prenez les mesures nécessaires pour délier la situation petit à petit. Entourez-vous de bons conseillers et de guides pour voir clair dans cette situation et vous aider à régler tous les détails. Le résultat ne sera pas forcément conforme à ce que vous désirez, mais n'oubliez pas de garder votre équilibre. Cherchez seulement la justice ; libérez-vous de la vengeance et de la colère. Vous ne voulez pas que vos sentiments dans cette affaire vous créent un karma plus difficile.

Sur le plan personnel, cette inversion vous avertit de revenir à la concentration et à l'équilibre en ce qui concerne votre alimentation, votre degré d'exercice physique et votre esprit. Réfléchissez à l'impact qu'auront vos choix et vos pensées sur votre avenir dans cette vie et dans les vies à venir.

Agissez pour rétablir l'équilibre, pas seulement entre vous et les autres, mais aussi dans votre vie. Il peut y avoir des éléments de votre emploi du temps quotidien qui vous ont déstabilisé. Il est temps de remettre les choses à leur place. Quand tout sera rééquilibré, la bonne énergie que vous enverrez vous renverra une énergie incroyable.

Force akashique

Fermez les yeux et visualisez-vous alors que vous enfilez les robes d'un juge de la cour. Examinez toute situation de votre vie qui nécessite une vision équilibrée. Que ce soit un véritable problème légal ou une autre situation, voyez le tout avec la sagesse de Salomon et déterminez ce qu'il vous faut faire ensuite.

8 de Forces

L'ÉCLAIR

Droite

Un éclair illumine un ciel de nuit orageux, frappant un arbre sur toute sa hauteur. Des flaques d'eau de pluie s'accumulent sur le sol.

Cette carte indique une période de séparation, un moment de perte, de déception ou même de mort métaphorique. Vous vous sentez peut-être blessé, attristé ou gravement déçu. La perte pourrait constituer une occasion professionnelle, une relation amoureuse, un partenariat, un projet créatif ou une amitié.

À première vue, l'événement peut sembler bizarre ou inattendu, mais dans la lumière qui clignote, nous voyons les flaques profondes d'une tempête qui dure depuis un certain temps. Vous avez probablement été conscient de la menace ou de la difficulté à un certain niveau, même si vous n'avez pas voulu en prendre conscience. Maintenant, il est temps d'accepter la situation, d'éviter de vous débattre. Il y a un avantage à venir, mais il faut parfois une fin pour produire un nouveau commencement, une tempête pour nettoyer le champ.

Inversée

C'est un moment exceptionnel de force et d'énergie dynamiques. Vous avez peut-être subi une perte, mais la tempête se disperse. Certains nettoyages pourraient être nécessaires, mais il est maintenant temps de créer de nouvelles racines, de chercher de nouveaux terrains et de nouveaux progrès. Appliquez votre énergie à tout ce qui s'impose maintenant à vous.

Lorsque cette carte est inversée, un éclair lumineux atteint le ciel. Ce n'est rien de moins que le pouvoir divin qui vous traverse et qui surgit des profondeurs de la création. Appropriez-vous cette force qui peut vous aider à illuminer la terre !

Force akashique

Imaginez un éclair qui frappe le sol tout près de vous et qui laisse des traces de destruction dans son sillage.

Maintenant, fermez les yeux, et avec une profonde inspiration, ressentez l'énergie de la foudre qui s'agite en vous. C'est presque comme s'il vous était accordé d'utiliser la main de Dieu. Comment voulez-vous diriger cette énergie dans votre vie ?

LA REINE DE FORCES

Droite

Cette carte montre une femme qui équilibre l'énergie du soleil dans une main et celle de la lune dans l'autre, debout au-dessus d'une rivière qui coule sous ses pieds. La Reine de Forces représente une femme qui peut vous aider à mieux équilibrer votre vie. Sa présence constitue une combinaison inhabituelle de puissance et de paix, de créativité et de réceptivité, tant par son énergie que par son soutien.

Parfois, cette carte peut montrer une personne de votre vie (ou vous-même) entrant dans une phase de grand pouvoir et ayant la capacité de le maintenir avec de merveilleux résultats. Cette carte en position droite annonce un don de grâce et de sereine compréhension. Elle apporte également de nouveaux rôles et opportunités. Des carrières sont maintenant à votre portée dans de nombreux domaines — sciences, communications, ressources naturelles, énergie, etc.

La Reine de Forces pourrait également indiquer l'apparition d'un intérêt amoureux possible ou d'un associé dans les affaires ou dans un projet créatif qui apporte du pouvoir et des liens puissants, que ce soit à vous ou à une autre personne. Il peut s'agir de quelqu'un que vous connaissez ou de quelqu'un de nouveau dans votre vie ; dans tous les cas, la carte annonce un soutien tendre, mais puissant. Pendant ce temps, choisissez de répondre aussi à vos besoins. Vous détenez les Forces du soleil (créativité) et de la lune (réceptivité), et vous seul pouvez diriger l'énergie de votre vie éternelle.

Inversée

Cette carte inversée représente une femme dans votre vie dont l'énergie est très dispersée. Elle fait peut-être partie de votre famille, de votre environnement de travail, etc. Vous ressentez de l'agitation ou de la discorde, et dans certains cas, cette personne peut ne pas avoir à cœur vos intérêts supérieurs. En fait, elle peut même abuser de son pouvoir et de son influence et être critique à votre égard, ce qui peut nuire à votre relation avec vous-même ou avec les autres. Si vous observez ce genre de comportement, il est temps de défendre vos intérêts, de fixer des limites et d'exiger le respect. Si vous êtes incapable de modifier la façon dont elle vous traite, éloignez-vous d'elle.

Vous ou une femme dans votre vie pouvez aussi connaître un sérieux déséquilibre énergétique ou ne plus ressentir votre véritable pouvoir. Parfois, vous aurez l'impression d'être laissé dans l'ignorance et d'ignorer ce qu'il faut faire. Il peut s'agir de la perte d'un emploi dans une grande entreprise, dans le domaine des sciences, de l'enseignement, de la physique, de la nature ou de l'énergie — ou encore dans d'autres domaines propres à la Reine de Forces.

Si vous êtes la Reine de Forces, il est temps de récupérer votre pouvoir et de ressentir l'énergie et la lumière qui font partie de votre Moi éternel. Soyez précis et objectif. Ne vous laissez pas déconcentrer par la situation. Vous avez le pouvoir de ramener l'équilibre dans votre esprit et dans votre vie, alors faites-le maintenant.

Force akashique

Sentez la Reine de Forces s'approcher de vous. Elle offre plusieurs formes de soutien et d'énergie. Qui est-elle dans votre vie ? Prenez une profonde inspiration et utilisez la partie intérieure de vous qui régit les Forces du monde.

LE ROI DE FORCES

Droite

Un homme est debout près d'un ruisseau, entouré par différents animaux des bois. Les Forces de la nature sont tout autour de lui, dans la terre sous ses pieds, dans l'eau qui coule et dans la nébuleuse d'étoiles du ciel. Mais il est lui aussi une force, exerçant des influences apaisantes sur le loup et le lapin, qui sont des ennemis naturels.

En position droite, cette carte indique la présence d'un homme doté d'une énergie puissante et positive. Il a de bonnes intentions ; la douceur et l'honnêteté émanent de lui. Si vous ne le connaissez pas encore, son énergie entrera bientôt dans votre vie. Il pourrait vous apporter du soutien en ce qui concerne un projet spécial ou un problème au travail — ou simplement dans votre vie en général. Il représente peut-être aussi un amour potentiel. Donc, pour être prêt à recevoir cet homme d'honneur, prenez l'engagement de vous respecter et d'éprouver de la tendresse pour vous-même.

Pour vous ou pour un homme de votre entourage, il pourrait y avoir un poste dans l'un des domaines du Roi de Forces — l'électronique, l'astronomie, la physique, la géologie, les carburants alternatifs, toutes les sciences de la terre et les nouvelles industries de la protection de l'environnement. Toute connexion avec l'énergie terrestre et la nature vous est en ce moment bénéfique.

Que vous soyez un homme ou une femme, cette carte révèle aussi un aspect important de vous-même. Ressentez l'équilibre et la beauté de la nature et sachez que de puissantes forces se déplacent toujours en vous et autour de vous.

Inversée

L'inversion de cette carte représente une période de forces amoindries, d'inertie ou d'énergie dispersée. Elle pourrait indiquer un divorce ou une séparation du Roi de Forces. En termes de carrière, il se pourrait que quelqu'un perde son emploi dans l'une des industries naturelles du Roi de Forces, citées ci-dessus.

Cette carte inversée pourrait aussi indiquer la présence d'un homme porteur d'une énergie perturbatrice. Il peut être déséquilibré dans sa propre vie, ce qui vous déséquilibre aussi. Il y a parfois chez lui des signes évidents de négativité, de colère, d'hostilité ou de même dépression à long terme. Dans d'autres cas, il s'agit de vibrations subtiles et difficiles à reconnaître. Mais cet homme risque d'être égoïste ou égocentrique. Soyez-en conscient et demeurez attentif ; il pourrait être très charmant en surface, mais manipulateur en réalité.

Si cette carte indique un intérêt amoureux potentiel ou un partenaire commercial, prenez votre temps pour évaluer les vraies vibrations qu'elle vous envoie. Peut-être n'a-t-il besoin que de temps pour se corriger. Cependant, vous feriez peut-être mieux de passer à autre chose.

Force akashique

Fermez les yeux et ressentez le Roi de Forces à vos côtés. Ressentez la beauté universelle et le pouvoir qui vous pénètrent, vous traversent et vous entourent. Éprouvez la douceur de cette force et de cette sagesse. Comment dirigerez-vous la force et la laisserez-vous vous servir ?

1 de Clés

L'ARCHITECTE

Droite

Vêtus d'une riche robe égyptienne, un homme et une femme sont debout devant une table recouverte de plans et d'outils de mesure. Il est l'architecte d'un projet de construction, et il pointe la main vers un bâtiment que l'on ne peut pas voir. Partout, des ouvriers nombreux s'affairent sur les fondations, les pylônes et les palais.

Plus concrètement, vous devrez peut-être vous impliquer dans un projet de construction, de rénovation ou de décoration concernant votre maison ou votre lieu de travail. Encore plus important : cette carte indique qu'il est temps pour vous d'accéder à une position de pouvoir. Pour cela, vous devez reconnaître vos talents, vos forces et votre capacité à faire preuve d'autorité. Une occasion qui exploite parfaitement vos compétences se présente. Percevez votre maîtrise de cette situation importante et prenez les choses en main !

Inversée

Les plans ont changé, ou, peut-être que vous avez même connu un échec. Il y a des choses que vous ne pouvez pas contrôler, ou alors vous avez peut-être perdu votre foi en votre talent et votre autorité. Même si une tâche particulièrement importante vous attend, n'abandonnez pas. Il est temps de vous éveiller à votre pouvoir et de faire avancer le projet. Si le projet s'effondre, commencez-en un nouveau ou réfléchissez au moins aux actions nécessaires pour récupérer votre pouvoir et recommencer à zéro.

Note spéciale

Que la carte soit droite ou inversée, examinez la carte adjacente vers laquelle l'Architecte pointe la main. Elle peut vous indiquer certains détails concernant vos projets ou un changement des plans. Elle vous avertit aussi peut-être de la présence d'événements inattendus ou de personnes influentes que vous ne connaissez pas encore.

Force akashique

Fermez les yeux. Prenez une respiration relaxante et enfoncez-vous profondément dans l'autorité et la confiance que vous inspire votre vérité éternelle. Vous vous trouvez dans une position d'autorité facile. Sentez vos talents et votre pouvoir s'agiter en vous pendant que vous concevez votre destin selon vos souhaits.

2 de Clés

LE TRÉSOR

Droite

Un homme regarde d'un air désolé un coffre au trésor brisé dans une pièce qui, de toute évidence, a fait l'objet d'un cambriolage ou d'un pillage. Derrière lui, un rayon de lumière brille sous le couvercle d'un coffre intact déposé sur une petite table, le seul meuble de la pièce qui n'ait pas été touché.

Cette carte représente une grande perte ou une grande déception dans votre vie en ce moment. Il peut s'agir de la perte d'un travail, d'une relation ou même d'une occasion, mais souvenez-vous qu'il s'agit d'une phase temporaire. Il peut vous falloir attendre un certain temps et faire des efforts pour rallier vos forces et vous remettre de la situation, mais il y a en vous un grand trésor toujours disponible. Ce petit coffre représente la partie de vous qui est remplie de lumière. Il n'est pas vulnérable et il ne peut jamais être perdu ou endommagé. Lorsque vous vous concentrez sur ce qui ne va pas ou sur ce qui manque, cela fait en sorte que votre sensation de vide et votre victimisation continuent. Alors, ne vous perdez pas dans le sentiment de perte. Ouvrez le couvercle et laissez la lumière éclairer votre chemin. D'autres occasions et de plus grandes richesses attendent d'être découvertes.

Inversée

Dans cette passionnante inversion, le couvercle du coffre contenant le trésor s'est ouvert. Certains événements perturbateurs vous ont peut-être rendu vulnérable, mais vous ne vous êtes pas défini par la perte. Vous avez dévoilé votre esprit et reconnu la richesse de la lumière et du pouvoir en vous. Ce futur immédiat se remplit d'occasions manifestes, de même que de nouvelles et abondantes offrandes de l'univers qui vous parviennent maintenant.

Force akashique

Fermez les yeux et ressentez le trésor en vous. Une lumière dorée coule dans tout votre corps et dans l'air qui vous entoure. C'est votre lumière illimitée et abondante, et elle agit comme un phare pour le monde.

3 de Clés

LE JEU D'ÉCHECS

Droite

Un jeu est en cours sur cet échiquier. Certaines pièces sont mises sur la touche, tandis que la reine noire est couchée sur le jeu.

Les personnes représentées par ces pièces d'échecs ne sont généralement pas celles que vous rencontrez pour des passe-temps agréables. C'est une carte qui symbolise le conflit politique et social. Vous êtes peut-être en attente d'interactions difficiles au sein de groupes tels que des conseils d'administration et des directions d'entreprise, ou vous vivez peut-être des perturbations sur le plan de la gestion ou des situations familiales conflictuelles. Bien que les parties semblent être manifestement divisées, beaucoup de personnes impliquées jouent leur propre jeu. Il y a de la supercherie, et vous n'êtes pas du tout sûr des motifs ou des stratégies de chacun.

Il est temps pour vous de prendre une distance émotionnelle ou même de concrétiser ce recul dans la réalité physique. Plus vous vous impliquez et plus vous maintenez votre position, plus la situation risque de s'enflammer. Quelle que soit la difficulté, essayez de garder une paix intérieure. Ne participez à aucun combat et ne prêtez aucune allégeance, mais ne soyez pas trompé par d'autres non plus. Observez tout froidement et sans émotion.

Les gens qui vous entourent servent leurs propres intérêts. Grâce à votre sagesse, essayez de vous détacher, demeurez objectif et soyez aimable avec toutes les personnes impliquées, mais sans vous laisser induire en erreur. Il viendra un moment où il vous faudra peut-être partir ou sortir de cette situation, mais à l'heure actuelle, le moment n'est peut-être pas encore venu. Pour l'instant, soyez un observateur averti et regardez comment se déroulent les choses.

Inversée

Cette carte indique que le conflit politique concernant les collègues, la gestion des affaires ou bien un groupe perturbateur est devenu intenable. Il est peu probable que la situation change ; certaines personnes ont perdu leur poste ou sont sur le point de subir une mise à pied. Il est temps de partir. Si vous ne pouvez pas vous retirer immédiatement, désengagez-vous émotionnellement. Commencez à concevoir des plans qui vous aideront à vous éloigner des difficultés, des soucis et des gens malheureux. Ne vous découragez pas. En mettant fin à cette situation, vous créez l'espace nécessaire pour apporter plus de paix et de promesses dans votre vie. Il est temps d'abandonner les jeux politiques, alors créez une stratégie pour un nouveau départ.

Force akashique

Fermez les yeux et sentez que vous vous trouvez sur un échiquier. Visualisez-vous dans cet espace et jetez un coup d'œil autour de vous. Voyez qui sont les autres joueurs et déterminez ce que vous ressentez à leur sujet. Quel est le prochain mouvement que vous souhaitez ?

4 de Clés

DÉGAGER LA VOIE

Droite

Un homme et une femme, avec leur voiture à cheval, ont pris un sentier qui traverse la forêt et les mène à leur magnifique maison que l'on voit au loin. Mais un grand arbre est couché en travers du chemin et leur bloque le passage. Le jeune homme porte une hache et s'apprête à dégager la route.

Cette carte vous signale fortement qu'il est maintenant temps de prendre des mesures concrètes pour éliminer un obstacle sur votre chemin. Il peut s'agir de votre vie personnelle, d'une relation, d'un emploi ou d'un projet créatif. Vous devez être lucide, alors assurez-vous de maîtriser vos actions avec calme et prudence. Si vous êtes trop pressé et trop nerveux, vous risquez de gaspiller votre énergie ou même de causer des dommages. D'un autre côté, si vous êtes trop doux et trop prudent, vous ne dégagerez pas le chemin. Soyez déterminé et solide pendant que vous travaillez pour retirer l'obstacle qui bloque vos pas. Avec le temps et l'attention nécessaires, le chemin de vos rêves sera débloqué.

Inversée

Le chemin est en train d'être dégagé. Une obstruction que vous perceviez comme considérable peut en fait être facilement et rapidement retirée. Certains événements extérieurs ou d'autres personnes peuvent vous aider à régler la situation et à ouvrir la voie. Dans tous les cas, félicitations ! Vous serez bientôt libre d'entreprendre les démarches que vous pensiez autrefois hors de votre portée !

Force akashique

Tout en respirant profondément, remplissez-vous de la solidité, de la force et de l'amour qui vous aident à déplacer tout obstacle qui bloque votre chemin. Ressentez cet amour et cette puissance qui grandissent, qui bougent lentement et doucement en vous et autour de vous et qui vous libèrent complètement.

5 de Clés

VŒUX EXAUCÉS

Droite

La scène représente un garde-manger lumineux et bien rempli dans une propriété importante et prospère. Dans la pièce, il y a des clés et des pièces de monnaie, des vins et des épices. On y voit aussi des paniers remplis de fruits, de légumes, de pain, de fleurs, de sucre et de céréales. Plusieurs fenêtres laissent apercevoir la vaste étendue de ce domaine, le vôtre.

Cette carte est un signe du fait que le moment est venu d'exaucer vos souhaits et de réaliser vos rêves. Il se peut que des difficultés vous aient causé des problèmes pendant un certain temps, mais la victoire est maintenant assurée. Il y a abondance de nourritures délicates et de terres à venir. Les clés du château vous appartiennent. Réjouissez-vous !

Inversée

Vous avez peut-être l'impression que la réalisation de vos rêves est très lointaine, mais ce n'est pas forcément le cas. Vous devez faire des efforts pour changer votre situation autant que votre façon d'y réagir. Ne vous définissez pas dans le manque et ne soyez pas sur la défensive. Demeurez fort et ferme dans vos victoires et dans votre abondance intérieure. Votre pouvoir intérieur constitue la clé la plus importante pour réaliser vos désirs. Continuez de travailler sur vos rêves, et ils commenceront à travailler pour vous.

Force akashique

Fermez les yeux et sentez que quelqu'un vous tend un jeu de clés en or. L'une d'elles ouvre la porte la plus importante devant vous. Ouvrez la porte et voyez ce qui vous attend.

6 de Clés

LUNE MONTANTE

Droite

Un homme travaille avec assiduité à sculpter un buste dans son atelier. Derrière lui, une grande fenêtre donne sur les collines d'une ville portuaire. Dans le ciel, le croissant de lune pointe vers la gauche ; la phase montante durera jusqu'à l'arrivée de la pleine lune. C'est ce que l'on appelle la lune montante.

Sur la carte, elle indique une période passionnante d'avantages, d'abondance et de progression. Vos efforts se sont combinés à des circonstances extérieures, et même les étoiles se sont alignées. Si les choses ont été financièrement difficiles pour vous récemment, détendez-vous. Il y a ici une excellente occasion de bienfaits et d'épanouissement sous plusieurs formes et dans plusieurs domaines — finances, créativité, réputation et même prestige. Alors, accomplissez votre travail et préparez-vous à recevoir !

Inversée

Cette inversion indique la présence d'une phase de décroissance. Avec la lune descendante, les marées se retirent. Pendant un certain, vous risquez d'être en manque d'énergie, d'argent et même de créativité. Les Forces autour de vous semblent inaccessibles, alors conservez votre énergie plutôt que de la gaspiller en gestes futiles. Bien que cette période vous paraisse difficile, ne vous sentez pas désemparé. Elle ne durera pas. La lune, comme toute chose, se déplace en cycles — et rapidement. Alors, respirez profondément, reposez-vous et sachez que la lune montante et bénéfique reviendra.

Force akashique

Fermez les yeux et accédez au pouvoir de la lune montante. Sentez le flux d'énergie, la réceptivité et la chance se développer en vous. Sachez que vous pouvez apporter cette force dans tout ce que vous souhaitez accroître. Comment aimeriez-vous diriger cette énergie maintenant ?

7 de Clés

L'ASCENSION

Droite

Un homme se tient au sommet d'une montagne, une corde enroulée sur son épaule. Les piquets d'escalade en métal, les pitons, sont toujours plantés dans la falaise escarpée qu'il a grimpée et témoignent de la difficulté de son ascension. La corde et les pitons ont été les outils physiques nécessaires à son succès, mais il a aussi dû déployer un effort acharné et faire preuve de volonté.

Cette carte indique qu'avec beaucoup de travail et de détermination, vous pouvez atteindre de façon assurée vos objectifs. Même s'il y a des risques, vous pouvez grimper jusqu'au sommet. Il pourrait y avoir une promotion ou l'obtention d'un poste beaucoup plus élevé dans l'avenir. Cependant, comprenez bien que ce n'est pas seulement grâce à la chance ou aux influences extérieures, que vous obtiendrez ce que vous cherchez, mais plutôt à cause de votre propre travail acharné et de votre persévérance. Alors, continuez de faire des efforts. Au lieu de vous faire dépasser par d'autres, vous grimperez jusqu'au sommet !

Inversée

Cette carte inversée peut parfois indiquer la perte d'un emploi — ou une démission — brusque ou alors indiquer que votre réputation et votre carrière sont tombées en disgrâce. Elle parle aussi d'efforts qui ne sont pas rentables. Vous avez peut-être travaillé dur pour atteindre un poste plus élevé, mais ce dernier semble vous avoir échappé. Les résultats précis que vous recherchez peuvent être plus difficiles à obtenir en ce moment, et il est possible que les autres ne reconnaissent pas vos efforts. Peu importe à quel point vous travaillez, vous semblez recommencer souvent à zéro. Peut-être ne s'agit-il que d'une phase passagère. Mais si vos efforts à long terme ne sont nullement récompensés, il serait peut-être temps de songer à une nouvelle approche ou de partir ailleurs.

Force akashique

Il y a un objectif au-dessus de vous, et vous devez gravir une colline escarpée pour l'atteindre. Fermez les yeux et sentez-vous rempli d'énergie et d'enthousiasme pour atteindre cet objectif. Voyez comment vous pouvez vous appliquer à cette entreprise. Quelles mesures pouvez-vous prendre pour atteindre le sommet ?

8 de Clés

LE MAÎTRE ARTISAN

Droite

À l'intérieur d'un atelier d'artisan éclairé et animé, les apprentis sont occupés à leurs postes de travail, où sont posés les magnifiques objets qu'ils produisent. Le Maître artisan verse de belles pierres brillantes dans la main ouverte d'un de ses apprentis.

Cette carte indique que vous avez maintenant l'occasion d'offrir vos talents, votre objectif et vos dons au monde, apportant ainsi une contribution à la vie de nombreuses personnes. Ne soyez pas timide et ne retenez pas ce que vous avez à partager. Ce n'est pas le moment de dissimuler vos talents.

En fait, vous pouvez maintenant vous retrouver à enseigner ou à former d'autres personnes en partageant vos compétences. Vous pouvez également démontrer vos dons publiquement. Même si vos talents résident dans votre capacité à aimer et à être compatissant, vous partagerez ces talents avec les autres.

Au cours de cette période, il vous est possible de bâtir votre réputation et de profiter des occasions qui vous sont offertes. Alors, agissez, faites-vous connaître et permettez-vous de briller. Vous êtes en mesure d'apporter beaucoup de beauté et de pouvoir à l'univers.

Inversée

L'inversion de cette carte indique en réalité une période de grand retour. Vous avez partagé vos talents avec le monde, et maintenant, une merveilleuse phase de récompense est là pour vous ! Vous avez travaillé dur et consacré vos efforts et votre énergie à apporter votre contribution à l'humanité. Il est maintenant temps pour l'univers de vous rendre la pareille. Les richesses et l'épanouissement que vous méritez reviennent dans vos mains. C'est le retour décuplé de tous vos efforts !

Force akashique

Fermez les yeux et sentez-vous rempli de tous les dons que vous avez à partager avec le monde. Détectez ces énergies qui traversent votre cœur, votre esprit et les gens qui vous entourent. Sentez la facilité de ce partage. Vous ne pouvez pas être épuisé, car tout ce que vous donnez vous revient sans cesse. Partagez souvent pour créer un retour abondant.

LA REINE DE CLÉS

Droite

Une reine, vêtue d'une robe luxueuse aux couleurs chatoyantes, sourit de joie en regardant les collines riches et verdoyantes de son domaine, se tenant au sommet de la tour de son grand château. Au loin, on aperçoit son époux qui revient de son voyage.

Cette carte représente une femme d'autorité. Elle est sensible, serviable et réfléchie. Elle est confiante en ce qui concerne l'exercice de son autorité, mais elle est toujours heureuse de célébrer le succès des autres. Elle pourrait symboliser une histoire d'amour pour vous ou quelqu'un d'autre.

En plus de faire référence à une femme d'affaires positive, cette carte peut vous représenter, vous ou quelqu'un d'autre, alors que vous êtes sur le point de gravir les échelons du succès. Des postes dans une institution bancaire ou encore dans les domaines de l'investissement, de l'immobilier et de la gestion peuvent se présenter. Un travail indépendant dans n'importe quelle industrie est peut-être aussi à portée de main — de même qu'une plus grande indépendance financière, une autorité accrue ou une autonomie créatrice au travail.

Inversée

Avec la présence de cette carte inversée, vous pourriez éprouver une distance émotionnelle, une divergence d'opinions ou un conflit avec une femme en position d'autorité. Vous — ou une femme que vous connaissez — pensez peut-être à quitter un emploi : le poste désiré n'est pas disponible ou votre emploi actuel ne vous satisfait plus.

Dans certains cas, cette inversion peut indiquer un licenciement ou une prise de distance dans une relation amoureuse. Quoi qu'il en soit, c'est le moment de réfléchir à vos aspirations et à tout ce qui vous amène à votre prochaine étape la plus heureuse de votre vie.

Note spéciale

Soyez attentif si la Reine et le Roi de Clés apparaissent dans le même tirage. Si le Roi et la Reine sont l'un en face de l'autre (même s'ils sont à des côtés opposés de la table), cette position indique une relation très profonde et d'une grande valeur en amour ou en affaires. S'ils sont dos à dos, il pourrait y avoir une rupture sur le plan des communications ou une absence de projet commun.

Force akashique

Sentez la Reine de Clés à vos côtés. Ressentez son soutien. Elle est prête à vous offrir une clé pour votre propre vie. Cette clé peut être un sentiment, un mot, une idée ou un symbole qui vous informera d'une manière ou d'une autre. Prenez dès maintenant de cette clé et sentez ce qu'elle signifie et ce qu'elle vous inspire.

LE ROI DE CLÉS

Droite

Le Roi de Clés monte un magnifique cheval vers un grand château au loin. Il se sent heureux et à l'aise en retournant chez lui. C'est un homme à l'esprit d'entreprise en position d'autorité dans les pouvoirs publics ou dans les affaires. Il est confiant et astucieux, peut-être un peu trop concentré sur son travail ou sa carrière. Bien qu'il puisse être très attentionné et très utile pour vous dans les affaires ou les finances, il est davantage tourné vers ses objectifs que vers les gens. Ne l'oubliez pas, si jamais cet homme s'avère représenter un amour pour vous ou une autre personne.

Que le Roi de Clés vous représente ou non, soyez à l'affût d'une promotion majeure, d'une augmentation de revenus ou d'un avancement professionnel. Des carrières dans les finances, l'immobilier et les affaires sont typiques du Roi de Clés, mais un poste de direction dans n'importe quelle industrie peut être à envisager. Il peut aussi s'agir d'un bon moment pour le travail indépendant et l'expansion des affaires, que ce soit pour vous ou pour un homme dans votre vie.

Inversée

Avec cette carte inversée, vous pouvez avoir quelques difficultés avec un collègue au travail. Il pourrait aussi s'agir d'une perte d'emploi ou d'une séparation dans une relation, que ce soit pour vous ou pour un homme que vous connaissez. Le succès que vous recherchez vous échappe peut-être en ce moment, ou bien vous déployez de gros efforts sans être récompensé en retour.

En ce moment, concentrez-vous sur la façon dont l'objectif de votre vie peut compléter la direction de votre carrière. Lorsque vous aurez précisé vos idées, vous saurez quelles actions entreprendre. Que vous soyez un homme ou une femme, le Roi de Clés en position inversée pourrait indiquer un homme d'affaires qui renonce à son travail ou qui n'est pas disponible pour vous.

Note spéciale

Soyez attentif si la Reine et le Roi de Clés apparaissent dans le même tirage. Si le Roi et la Reine sont l'un en face de l'autre (même s'ils sont à des côtés opposés de la table), cette position indique une relation très profonde et d'une grande valeur en amour ou en affaires. S'ils sont dos à dos, il pourrait y avoir une rupture sur le plan des communications ou une absence de projet commun.

Force akashique

Fermez les yeux et sentez-vous entrer dans une position importante de pouvoir et de richesse. Vous devenez le Roi de Clés, et vous vous redressez et vous élevez grâce à une force et une autorité nouvelle. En sondant votre monde, décidez quelle partie de votre vie vous aimeriez aborder avec un sentiment accru d'autorité.

À propos des artistes

Cheri Polk est une illustratrice publiée et primée, mais aussi une portraitiste et graphiste reconnue. L'art est sa passion depuis l'âge de 10 ans, moment où elle a employé pour la première fois des crayons de couleur. Moderne à la manière des artistes de la Renaissance, Cheri conjugue ses 30 années d'expertise professionnelle avec ses études continues sur les arts de la guérison, la médecine vibratoire et la communication avec les esprits afin de capter et refléter l'essence véritable de ses sujets. Grâce à son talent, certaines de ses œuvres ont été commandées par des domaines privés et des collectionneurs, figurant également sur des monuments architecturaux importants.

Les intérêts artistiques et éclectiques de Cheri, combinés à son désir de continuer d'apprendre tout au long de sa vie, l'ont amenée à étudier et à enseigner partout en Amérique du Nord, ainsi qu'en Asie du Sud-Est. Elle adore s'asseoir devant son chevalet et travailler différents supports, poussant sa créativité vers l'exploration des arts numériques, en constante évolution. Cheri a ouvert son premier studio en 1985 et réside dans le nord-est de l'Ohio. Site Internet : www.cheripolk.com.

Les cartes de Cheri :

Adsum
La Bibliothèque akashique
L'Archange Gabriel
L'Archange Michaël
L'Archange Raphaël
L'Arche d'alliance
Beith—Naissance
Le Bouddha se prépare
Pris dans les ruines
La diversité
Le Médecin divin
Réunion karmique
Hilarion
Initiation et le comte de Saint-Germain
Complexités et application au travail
La tranchée karmique
Le Roi de Parchemins
La Lumière du monde
Le Guetteur
La Muse
Sur la piste
L'Oracle de Delphes
Chemins inconnus
La Reine de Parchemins
Le Reflet
Les sables du temps
Le Scribe
Ajuster votre trajectoire
Deux mondes
Dans les airs
Uriel et le Sphinx
Volonté, sagesse et esprit

Emiliano Villani est un talentueux graphiste et illustrateur indépendant qui habite dans la ville balnéaire de Mar del Plata, en Argentine. Il crée ses œuvres à l'aide de peinture et de pinceaux, de crayons, de marqueurs et d'applications de conception graphique numérique. Ses peintures sont présentées dans des expositions d'art, et ses illustrations ont été publiées dans des livres pour enfants, des livres de littérature fantastique, des bandes dessinées et des magazines. Son travail est diffusé dans le monde entier, notamment en Argentine, au Royaume-Uni, en France, en Inde, en Espagne, en Autriche et aux États-Unis.

Sites Internet : www.freelancer.com/u/emi2oyd.html
et www.alvarezvillani.blogspot.com.ar

Les cartes d'Emiliano :

Le champ akashique
L'Architecte
L'ascension
Équilibre
Le nid d'oiseau
Le jeu d'échecs
Dégager la voie
Engagement
Le jardin
Lune montante
Le voyage
Le Roi de Forces
Le Roi de Clés
Le Roi de Roses
L'éclair
Esprits aimants
Le Maître artisan
La Reine de Forces
La Reine de Clés
La Reine de Roses

Le Reflet
Printemps/automne
Été/hiver
Le trésor
Visions de l'ego
La guerre des roses
La cascade
Le saule
Messagers ailés
Vœux exaucés

À propos des auteures

Sharon Anne Klingler est une auteure internationale à succès, médium et conférencière inspirante. À propos son livre *Power Words*, B. Fonger, du Huffington Post, a écrit : « C'est mon genre de livre, car il nous donne tous les outils extraordinaires de la superpuissance pour nous aider à découvrir notre Moi le plus élevé. » L'auteure Denise Linn dit que c'est « peut-être le livre le plus profond et le plus transformateur qui ait jamais été écrit sur [...] l'influence qu'a la langue sur nos vies. » Certains des autres livres de Sharon sont *Intuition & Beyond* (Random House London), le succès de librairie *Secrets of Success* (coécrit avec sa sœur, l'auteure à succès du New York Times Sandra Anne Taylor), *Life with Spirit*, etc.

Étant l'une des personnalités les plus intuitives au monde, Sharon a travaillé avec des présentateurs de nouvelles télévisées, des écrivains, des producteurs de films, des lauréats de prestigieux prix (Emmy, Tony, Oscar et Grammy), le FBI, des membres du Congrès et des clients de haut niveau dans le monde entier. Ses livres ont été des succès de librairie sur trois différents continents. Elle a été invitée sur plusieurs réseaux télévisés (Oprah Winfrey Network, BBC, ITV London, BBC Scotland, Vision TV Canada, Discovery Channel, NBC, ABC at CBS, etc.). Ses ouvrages sont vendus dans les principaux réseaux de vente aux États-Unis, en Australie et en Europe.

Des articles sur Sharon ont aussi été publiés dans le *London Daily Express*, le *Huffington Post, Eve Magazine* et dans de nombreux journaux et magazines en Australie, en Europe et aux États-Unis. (Vous pouvez entendre Sharon régulièrement à l'émission *Living Your Quantum Success* sur HayHouseRadio.com®.)

Pour plus d'informations sur Sharon et son travail, veuillez visiter : www.sharonklingler.com et facebook.com/sharonanneklingler.

Sandra Anne Taylor est l'auteure à succès de plusieurs titres primés du New York Times, dont *Quantum Success* et *Secrets of Attraction,* qui ont été acclamés dans le monde entier pour leur approche enrichissante et très complète dans le domaine de la séduction et du succès. Son dernier titre, *The Akashic Records,* explore tous les types d'énergie et d'informations que peuvent apporter les Annales et explique comment y accéder rapidement et facilement. Son livre *Your Quantum Breakthrough Code* révèle une technique incroyablement simple, mais puissante qui brise les schémas indésirables et donne une toute nouvelle direction à votre vie.

Son magnifique et étonnant jeu de cartes *Oracle Energy* vous aide à identifier et à prédire les modèles d'énergie et les résultats futurs de votre vie. *The Hidden Power of your Past Lives,* qui comprend un CD de méditation gratuit, constitue une étude en profondeur sur la réincarnation, explorant l'influence des expériences antérieures sur les schémas de vie actuels. *28 Days to a Magnetic Life* est un livre de poche pratique qui offre des techniques et des affirmations quotidiennes pour aider chacun à modifier son énergie et à créer plus de bonheur et d'énergie magnétique dans sa vie de façon régulière. Ses nombreux livres grand public sont disponibles dans 29 langues partout à travers le monde.

Joignez-vous à Sandra pour des lectures amusantes et des informations éclairantes dans le cadre de son émission de radio hebdomadaire, les lundis sur HayHouse Radio.com®. Pour plus d'informations sur Sandra et son travail, veuillez visiter : www.sandrataylor.com et facebook.com/sandraannetaylor.